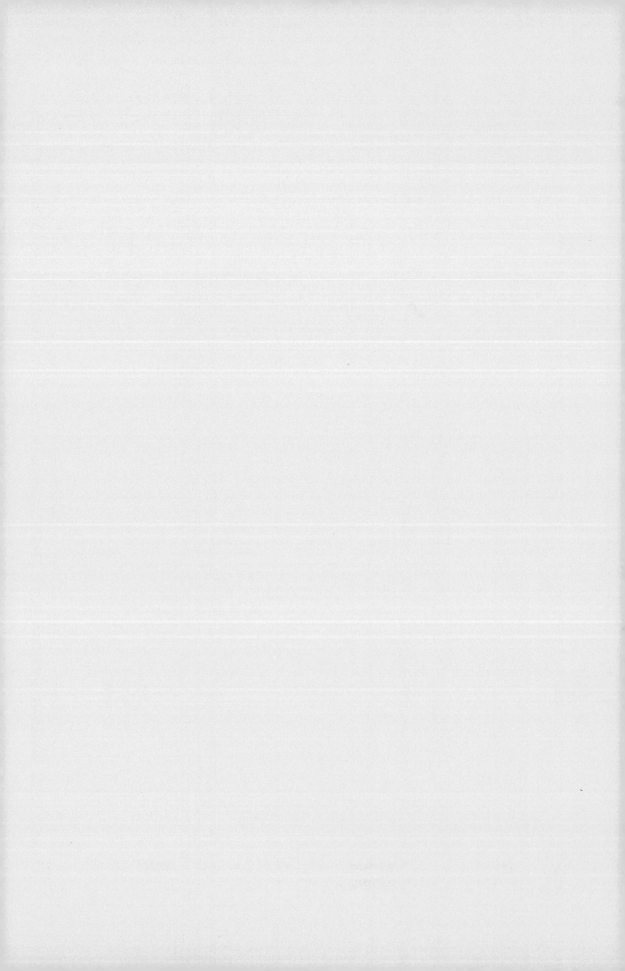

コンプライアンス

伊藤　芳子 著

職業訓練法人H & A

◇ 発行にあたって

　当法人では、人材育成に係る教材開発を手掛けており、本書は愛知県刈谷市にあります ARMS 株式会社（ARMS 研修センター）の新入社員研修を進行する上で使用するテキストとして編集いたしました。

　ARMS 研修センターの新入社員研修の教育プログラムでは、営業コースをはじめ、オフィスビジネスコース、機械加工コース、プレス溶接加工コース、樹脂加工コースなど全 18 種類の豊富なコースを提供しております。また、昨今の新型コロナウイルス感染拡大を受け、Zoom※でのネット受講でも使用できるように、できる限りわかりやすくまとめましたが、対面授業で使用するテキストを想定しているため、内容に不備があることもございます。その点、ご理解をいただければと思います。

　本書では新入社員研修の内容をご理解いただき、日本の将来を背負う新入社員の教育に役立てていただければ幸いです。

　最後に、本書の刊行に際して、ご多忙にもかかわらずご協力をいただいたご執筆者の方々に心から御礼申し上げます。

2021 年 3 月
職業訓練法人　H&A

※Zoom は、パソコンやスマートフォンを使って、セミナーやミーティングをオンラインで開催するために開発されたアプリです。

◇ 目次

第1章　コンプライアンスとその必要性

01　コンプライアンスについて知ろう　　　　　　　　6

　　1．コンプライアンス　　　　　　　　　　　　　6
　　2．コンプライアンス違反　　　　　　　　　　　9

02　コンプライアンスの必要性　　　　　　　　　　14

　　1．コンプライアンス違反により企業が被る代償　14
　　2．コンプライアンスの必要性　　　　　　　　　15

第2章　社内と社外の規範遵守

01　規範とコンプライアンス　　　　　　　　　　　18

　　1．規範意識とは　　　　　　　　　　　　　　　18
　　2．社内規範と社外規範　　　　　　　　　　　　19
　　3．規範遵守はコンプライアンス　　　　　　　　19

02　身近なコンプライアンス問題　　　　　　　　　20

　　1．知らないでは済まないコンプライアンス違反　20
　　2．日常の業務とコンプライアンス　　　　　　　22
　　3．私的行動とコンプライアンス　　　　　　　　26

03　インターネット社会のコンプライアンス　　　　29

　　1．ネット取引のトラブル　　　　　　　　　　　29
　　2．ＳＮＳでの「炎上」トラブル　　　　　　　　30
　　3．組織としての取組　　　　　　　　　　　　　34

第3章　企業倫理と社会的規範

01　企業に求められる倫理　　　　　　　　　　　　38

　　1．職場内の人間関係とトラブル　　　　　　　　38

　　2．職場のハラスメント事情　　　　　　　　　　39
　　3．企業の倫理と社会的規範　　　　　　　　　　41

　02　ハラスメント対策　　　　　　　　　　　　　43

　　1．パワハラ・セクハラに関する法整備　　　　　43
　　2．パワーハラスメントとは　　　　　　　　　　45
　　3．セクシャルハラスメントとは　　　　　　　　47
　　4．求められる使用者責任　　　　　　　　　　　48

第4章　CSR（企業の社会的責任）について知ろう

　01　CSR（企業の社会的責任）　　　　　　　　　52

　　1．CSR（企業の社会的責任）の本質　　　　　　52
　　2．CSR（企業の社会的責任）の実践　　　　　　53

　02　企業の内部統制整備とコーポレートガバナンス　55

　　1．内部統制整備の義務化の背景　　　　　　　　55
　　2．内部統制・内部統制システムとは　　　　　　59

　03　内部通報制度（公益通報制度）の意義　　　　60

　　1．内部通報制度（公益通報制度）とは　　　　　60
　　2．内部通報制度（公益通報制度）の意義　　　　61

第5章　「個人情報保護法」遵守は企業活動の基本事項

　01　個人情報保護法とは　　　　　　　　　　　　66

　　1．個人情報保護法とコンプライアンス　　　　　66
　　2．「個人情報」に関する理解度小テスト　　　　69

　02　情報流出リスクとコンプライアンス　　　　　70

　　1．デジタル情報の流出　　　　　　　　　　　　70
　　2．デジタル情報の流出防止対策と課題　　　　　72

　03　知的財産権とコンプライアンス　　　　　　　75

　　1．知的財産権とは　　　　　　　　　　　　　　75
　　2．知的財産権の事例検討　　　　　　　　　　　77

第 1 章

コンプライアンスと
その必要性

01 コンプライアンスについて知ろう

1.　コンプライアンス

（1）コンプライアンスとは

　コンプライアンス（英語 compliance：従う、守る）は日本語では<u>法令遵守</u>と訳されることが多く、<u>日本の企業においては定められた法令や社会のルールを守って企業活動を行うこと</u>を指します。

　コンプライアンスというと、法令遵守の意味だけが考えられがちでしたが単に法律や規則といった<u>法令</u>のみでなく、企業倫理や社会規範等を含め<u>法令等遵守</u>として捉えられるようになり、企業経営の重要課題となっています。

　第1章では、何故コンプライアンスが重要視され、企業倫理や社会規範までも含むようになったのか、その背景や対象について考察します。

　第2章では、コンプライアンスは日常の業務とどのように関わっているのか、職場外での私たちの個人的な生活との関わり、ネット社会で生じるコンプライアンス違反等について学んでいきます。

　第3章として、職場の人間関係をとおして起こるパワーハラスメントは、被害者のみならず加害者にも大きな心身の負担をもたらします。企業の使用者責任が問われる事態も起こり得るため、セクシャルハラスメントと同様に職場全体として取り組む問題として考えていきます。

　第4章では、CSR（企業の社会的責任）について考えていきます。企業は社会から何を求められているのか、事業活動を通した社会貢献とは何か、企業の自己責任体制やコーポレートガバナンスといった内部統制システム構築についても触れていきます。

　第5章では「個人情報保護法」と「知的財産権」について学びます。「個人情報保護法」は企業の顧客や組織の関係者情報の安全な管理についての指針となります。合わせて「マイナンバー法」にも触れていきます。情報を守り流出をいかに防ぐかを、現状の理解とリスク管理を中心に学びます。

（２）法令遵守から法令等遵守へ

　私たちは日常生活を送る時に、法令や規則等を特に意識することはないように思います。例えば、車を運転するときに交通規則や職場での仕事に関わる法的なことを意識するのは不可欠ですが、企業に勤務する社会人として、法令や規則などに関心が希薄であることは許されないので、『コンプライアンス』を学びながら意識と知識を広めていきましょう。

　日本の法令とは、日本国憲法＞条約＞法律＞政令＞府省令＞条例及び付随する規則等をいいます。

法令（法と命令）
日本国憲法・・・日本国の根本規範
条約　　　・・・国際法上での締結
法律　　　・・・国会の議決、国務大臣・総理大臣の連署、天皇が公布
命令
政令　　・・・内閣が制定
府省令　・・・内閣官房、内閣府、復興庁、各省大臣
条例　　　・・・各地方公共団体が制定
規則　　　・・・同上

　日本の法令は成文法（一定の手続きに従って制定され、文章で表現されている法令）で制定されています。また、憲法で定められた各条文を具現化するために様々な法律や規則等が制定されており、このテキストでは憲法も含め、これらを総称して法令と表記します。

　次に、憲法と法律の関係性や社内ルールと法令の関係性について、例をあげて考えていきます。

　憲法第28条には「勤労者の団結する権利及び団体交渉その他の団体行動をする権利は、これを保障する」と定められています。労働者の権利として**団結権**、**団体交渉権**および**団体行動権**が認められており、これを「労働三権」または「労働基本権」と呼びます。

【労働三権】

① 労働者が労働組合を結成する権利（団結権）

② 労働者が使用者と団体交渉する権利（団体交渉権）

③ 労働者が要求実現のために団体で行動する権利（団体行動権（争議権））

　（但し、憲法で保障された権利ではあるのですが、公務員については従事する職務によって制約されているものもあります。）

　また、憲法が保障する「労働基本権」を具体的に示した基本的な法律が、**労働三法**と呼ば

れる**労働基準法、労働組合法、労働関係調整法**です。労働者の権利を守るための法律のなかでも、もっとも重要なものとして位置付けられています。

　労働基準法は労働時間や休日など労働条件に関する最低基準を定めたもので、企業で作成されている就業規則や雇用契約書等は、この法律に従い作成されています。労働基準法の第36条には、会社は法定労働時間（１日８時間、週40時間）を超える時間外労働及び休日勤務などを命じる場合、労働組合などと書面による協定「36（サブロク）協定」を結び労働基準監督署に届け出ることが義務付けられています。

　労働組合法は労働組合の行動を法的に認めつつ、その活動を妨害することを「不当労働行為」として禁じています。憲法が認めている労働者の権利を守るため、労働者が集団となることで、使用者と対等な立場で交渉できるようこの法律を定めています。「労働基本権」を保障するうえで、大きな役割を果たしている法律といえます。

　労働関係調整法は、労使間の対立を未然に防ぐほか、対立が深刻になった際に行政機関である労働委員会が「あっせん」「調停」「仲裁」等労使間の対立を解決するための手続きを定めた法律です。

　このように憲法で保障された労働者の権利は法令以外のものでも守らなければなりません。従って企業等が定める社内ルールも法令に違反するものは認められませんので、企業で作成されている就業規則や服務規程等についてもコンプライアンスの対象となります。

（３）コンプライアンスの対象
　では、遵守しなければならない法令以外のものについて考えてみましょう。
　① 企業内で作成された各種の規定やルール
　② 企業外で決められた決まりやルール
　③ 倫理上のルール（人として守るべき道徳や慣習等）
　大別すれば上記の①から③があげられますが、法律として明文化されてはいないけれど、社会的ルールとして認識されているルールは、企業がその活動を行う上で遵守すべき対象といえます。
　また、社会的ルールには法令を含める場合もありますので、すべての社会的ルールが企業にとってのコンプライアンスの対象と成り得るでしょう。

2．コンプライアンス違反

（1）企業の不祥事とは

　では、何故「コンプライアンス」や「コンプライアンス違反」が注目され、企業経営の重要課題となったのでしょうか。次に事例を紹介しながら考えていきます。

　粉飾決算などの不正会計のほかにも様々なコンプライアンス違反が頻発しています。何故コンプライアンス違反が起きるのか、コンプライアンス違反の事例を参考にしながらコンプライアンス違反を起こさないためには企業はどうすべきなのかを考えていきます。

偽装事件

①　2015年3月、東洋ゴム工業株式会社による免震ゴムの性能偽装について国土交通省より発表がありました。自動車タイヤを主力として製造・販売をしてきた会社ですが、同社の製造・販売による建築用の免震ゴム部品に性能データなどの偽装が発覚したのです。

当該部品は地方自治体の庁舎や病院の建設、各地のマンションの建設に使用されていて全国で性能偽装部品2500基が150棟に使用されていました。不正競争防止法の虚偽表示として、製造子会社である東洋ゴム化工品株式会社が大阪地検により起訴されました。同社は検査数値を偽り不正に国土交通大臣から認定を取得しており、さらには社長などに不正が報告されていたにもかかわらず出荷を続けました。もし地震が起きていたら被害が甚大になった可能性もあり、製造業としての矜持を捨て欠陥商品を偽装販売していたと言われても仕方ない事件です。

②　三菱自動車工業株式会社のリコール隠し、燃費データ偽装。三菱自動車は2000年、2004年に車両の不具合を届けず、いわゆるリコール隠しをしました。その結果2002年に死亡事故が2件発生しました。リコール隠しについては道路交通法違反、死亡事故2件については業務上過失致死傷罪で有罪となりました。

　また、2016年には軽自動車の燃費を偽り、実際より良い数値の虚偽データを国土交通省に提出していたことが発覚しました。

違法残業（労働基準法第36条違反）

③　2015年、株式会社電通の女性新入社員が過労で自殺をしました。電通は2015年10月から12月の間、社員4人に対して36協定（労使間協定）で取り交わした残業時間の上限を最大19時間超えて働かせる違法残業をさせたとして起訴されました。女子社員の過労自殺については繰り返しマスコミに取り上げられ、大きな社会的反響を呼びました。当初は東京簡易裁判所に略式起訴されたのですが、その後略式起訴は不相当となり通常の公判手続きが行われ、電通の社長が出廷しました。2014年度には1400人の社員が違法残業を強いられていた実態も、この裁判で明らかになりました。

（2）規範意識の欠如

　東洋ゴム工業は免震ゴム偽装事件の後、2015 年 10 月にも鉄道車両で使われる防振ゴムの性能データの不正が発覚しました。納品先が 1 社だったので、影響は少ないとみられますが「検査が面倒」という理由で製品検査を十分にせず、過去のデータを転記していました。

　一連の偽装は、東洋ゴム化工品明石工場で行われており、タイヤ製造以外の多品種少量生産の拠点であるため、担当が細分化されており工場全体としてガバナンスが不十分だったと説明しています。

　2019 年には免震ゴム偽装事件の補償対象工事が完了することもあり、三菱商事株式会社と提携し、2019 年 1 月に新社名「TOYO TIRE 株式会社」として再出発することになりました。

　また、山一證券株式会社やカネボウ株式会社は粉飾決算の発覚後、倒産しました。同様の事由で破綻した企業の例は他にも数多くあります。また、かろうじて倒産は免れても経営陣が逮捕や起訴され巨額の賠償金の支払いを命じられることもあり、会社経営の立て直しには苦しい年月を経なければなりません。

　これは粉飾決算だけではなく、前述した偽装事件や違法残業など法令違反を起こせば、同様に経営破綻や賠償金の負担による経営の圧迫につながります。

　また、「金融商品取引法違反」の例で言えば、何故虚偽の決算や虚偽の「有価証券報告書」を公表するのでしょうか。共通していることは業績の不振を隠すためと言えます。

　但し、例外もあります。日産自動車株式会社のカルロス・ゴーン元 CEO が金融商品取引法違反（有価証券虚偽記載）、会社法違反(特別背任)で 2018 年 11 月に逮捕・起訴された事案では、日産自動車によると「本件不正行為等は、一言で言うならば、『典型的な経営者不正』である。しかも、経営者が私的利益を追求している点で、いわゆる『会社のため』を不正の正当化根拠としていた過去の上場会社での経営者不正（粉飾決算・不正会計）と根本的に異なる」（日産自動車の「ガバナンス改善特別委員会報告書」2019 年 3 月 27 日）と「**ゴーン元 CEO の私利私欲のための不正**」と断罪しています。

海外での経営者不正の特徴

　各国・地域ごとに不正のタイプは異なりますが米国は株価連動の報酬体系なので、経営者は自分の報酬額を高くするために、株価を操作することがあります。粉飾決算で経営破綻したエンロン社がその例です。

　欧州はファミリー企業が多く、傘下の企業を通じて、個人の利益に結び付くような取引をすることがあり、ロシアや韓国、タイなどでもそうした傾向が多く見られます。

　日本企業の多くの経営陣は、業績不振を知られると会社の信用をなくすので、「会社を守る」また「自分の立場を守る」ために粉飾決算を行う傾向があります。しかし、このような会計の不正は、市場からの資金調達を原則とする株式会社制度に対する信頼を、根本から否定す

る行為であり、強い社会的非難を受けるだけでなく、会社法第 963 条「会社財産を危うくする罪」（5 年以下の懲役もしくは 500 万円以下の罰金、又はこれを併科）や、会社法第 960 条「特別背任罪」（10 年以下の懲役もしくは 1,000 万円以下の罰金、又はこれを併科）などの重い刑事罰を受けます。

　また、海外メディアでは、日本の経営者は大きな私的利益が得られないのに、なぜ不正を犯すのか理解できないと言い、日本の経営者不正は特異であるとしています。

　このように会社の利益を損なうことは、経営者は厳に慎まなければなりません。自らの高いコンプライアンス意識の堅持と、企業には持続的な経営が求められていることを強く自覚する必要があるのではないでしょうか。

海外での経営トップの報酬

　米国のトップ企業の経営者報酬は年収 13 億～14 億円、欧州は年収 7 億～8 億円、日本は年収 1 億円前後です。

　米国では 1990 年代から株価連動型の報酬が取り入れられるようになり、世界経済の拡大などを受けて株価が上昇し、それに伴い報酬額も増加しました。株価との連動は経営者にとって適切なのかも含め、報酬を的確に評価する仕組み作りも進んでいるところです。

　米国や英国のように経営者の流動性が高いことも、報酬水準を上げる要因となっています。欧州でも後を追う形で報酬額が上がっている傾向です。

　日本の報酬額は外国の経営者市場の相場においてあまり意味を成していません。経営トップは内部昇格を基本としており、会社の中で最も有能で、会社に対する忠誠心が高い人がトップになるため、調和を優先する傾向があり、周囲の企業から抜きん出る報酬額はあまり見られません。ただ企業によっては徐々に高額化の傾向もありますが、株主等ステークホルダーからの容認は難しいところです。

（3）国際社会のコンプライアンス

日本企業の課題

　1970 年代から日本企業の国際進出は活発になってきました。日本で生産したものを輸出する形態を主としていましたが、次第に日本企業は海外拠点を持ち、そこで生産したものを日本へ輸出するようになりました。21 世紀になると海外拠点で生産したものをそのまま海外で販売するようになり、日本を経由せずに海外拠点から諸外国へと直接輸出し、グローバル化が更に進みました。

　コンプライアンスは法令等遵守ですから、基本的には海外といえども同じなのですが、現地の法令や社会的ルールとなると、単に知識として持っているのでは全く役に立たないことも考えられます。現地の文化、慣習、倫理観等はいずれも体験的に理解をしないとコンプライアンス違反につながりかねません。その意味ではハイリスクな現状も多くあり、当然、現地の法令の専門家や現地雇用の社員等の力を借りて対応することが望まれます。しかし、贈

収賄コンプライアンスについては、日本の国内法令ではないECO（経済協力機構）のガイドラインの遵守や現地法とグローバルルール、米国・英国の法律の域外適用も理解する必要があります。

国際取引と2つの考え方

「自由至上主義」：個人的な自由、経済的な自由の双方を重視する考え方。

　　　　　　　　市場を重視し「世界規模での貿易の自由化」を推進する欧米諸国に多く支持されている。

「社会自由主義」：急激な自由化は途上国等の持続的発展を阻むとする考え方。

　　　　　　　　「特別かつ異なる待遇」の原則を掲げ、社会主義国、発展途上国に多い。

2つのグローバル課題

① 反競争的行為

　　「自由至上主義」においてはマーケットのルールを守ることを良しとするのでルール違反やルールに従わないような企業行動は許容されません。基本的には、影響力のある者同士の市場の裏での談合や価格形成を歪めるような調整行為は断固として許容せず、不当な利益を得たり、計画したりすることには厳しいペナルティを与える考え方を取ります。

　　一方、「社会自由主義」は社会的弱者の利益を守ろうとします。そのため現地の国民への直接的な「**人権侵害**」行為は容認しません。人権侵害につながる間接的な行為も同じように容認しません。

② 海外腐敗行為（贈収賄行為）

　　外国公務員に対する贈収賄行為について

　　各国・地域には公務員が存在しますが、賄賂が横行している新興国もあり、そういった国では当たり前のように公務員が賄賂を手にしていますが、公務員の区別が難しく誰が権限を持つのかが曖昧なことがあります。中国では商業賄賂規制は「民」対「民」についても適用されますが、贈収賄について法規制のない国もあり、米国法である「海外腐敗行為防止法」の適用を受ける場合があったり、英国の「贈収賄防止法」では密接な関係にある者との制限のうえ、適用されたりしています(域外適用)。

　　いずれにしても、海外で仕事上の便宜を依頼するため、職務権限者に対して利益供与（接待や贈り物、便宜を図る行為など）をすることは厳に避けなければなりません。

外国公務員贈賄罪[1]

海外腐敗行為事例

事例1 A国での国立病院建設プロジェクトを入札するため、事前に公表されない最低入札価格を聞き出すことを目的として、A国厚生省職員に不正の利益供与を行った場合。

事例2 B国にある子会社の指示で、現地のエージェントである従業員が現地の公務員に対して不正の利益供与を行った場合。

外国公務員等への贈賄は「不正競争防止法」に抵触します(個人：5年以下の懲役若しくは500万円以下の罰金またはこれの併科、法人3億円以下の罰金と両罰規定になっています)。また、日本以外の国の法律で処罰の可能性もあります。

国際的な商取引に関して営業上の不正の利益を得るために、外国公務員等に対して直接または第三者を通して、金銭等を渡したり約束をしたりすると犯罪となります。

外国公務員等への贈賄について

・国内国外で禁止されています。

・「外国公務員等」の範囲が広いので注意が必要です。 相手国の国・地域の公務員や議員に加えて、公的な任務を遂行する者 (検査機関等も該当します)。

・エージェントを介しても禁止です。

※両罰規定：法人に所属する役員や従業員らが、法人の業務に関連して違法な行為をした場合、個人だけでなく、法人も併せて罰せられる規定。法人が違法行為を防ぐために必要な注意を果たしたと立証できなければ、罪に問われる。

---

[1] 経済産業省作成　外国公務員贈賄防止に関するパンフレット「海外進出する企業必見 外国公務員贈賄罪を知っていますか？」(最終検索日 ： 2020 年 7 月 21 日)
https://www.meti.go.jp/policy/external_economy/zouwai/pdf/damezowaipamph.pdf

02 コンプライアンスの必要性

1．コンプライアンス違反により企業が被る代償

（1）法的及び社会的制裁

　2007年にあった実例から見ていきましょう。

　高級料亭「船場吉兆」本店は当時大阪市中央区にありました。賞味期限切れ食材の提供に端を発し、メニューの偽装表示が発覚しました。料理として提供していたブランド肉や物品販売品の産地を偽装していた。ほかにも無許可での梅酒の製造販売が判明しました。「船場吉兆」の謝罪会見の模様がテレビで全国放送されたほど、当時は大変注目されました。取締役である長男と共に母親である女将が記者会見場に登場し、謝罪したが、長男が記者からの質問に答えられずにいたところ、隣に座っていた女将がひそひそと回答を伝授した。長男だけに聞こえていればよかったが、女将の声がマイクで集音され、全国のお茶の間まで放送で流れてしまい、「ささやき女将」として一躍時の人になってしまいました。

　真摯に謝罪会見をすればそのような時の人にならずに済んだのですが、あっという間にバッシングの対象になってしまいました。

　また、続いて2008年5月には食べ残しの再提供が発覚しました。その時女将は、再提供はパート従業員が勝手にしたこと、産地偽装については納入業者がやったことと言い逃れようとしましたが、従業員の内部告発により逃れることはできませんでした。

　父親である社長、長男それぞれに「不正競争防止法違反（虚偽表示）」として100万円の罰金、「酒税法違反」で罰金相当額として法人と社長に計8万円、追徴酒税7万円が科せられました。また、食べ残しの提供で保健所の立ち入り検査を受けました。

　※社会的制裁：社会や集団の規則・慣習などにそむいた者に加えられる懲らしめや罰。

（2）企業の信用失墜

　「吉兆」グループの料亭営業会社のひとつであった「船場吉兆」において不祥事が立て続けに発覚し、グループ他社から支援を得られず2005年5月28日「船場吉兆」本店は、福岡店と共に閉店、6月に負債8億円で自己破産しました。

　この事件は、「吉兆」全体のブランドイメージを損ね、グループ各社は前年度に比べ客が半減するなど、深刻な影響を受けました。この「船場吉兆」による一連の不祥事を受け、2008年には吉兆グループ会社の役職員や第三者の専門家からなるコンプライアンス委員会が設立されました。

　また、「船場吉兆」はこの後再興されることはありませんでしたが、次男が懐石料理店を開業、「船場吉兆」を教訓にしながら経営努力をされているとのことです。

　2007 年にはペコちゃん・ポコちゃんのキャラクターで知られる、不二家株式会社の洋菓子に賞味期限切れの牛乳を材料としていたことが内部告発され、また食品衛生管理上の不備も判明し、業務改善命令を受けました。それまでは経営していたカフェやレストランは女性や子供たちを中心に大変人気があり、販売するケーキ・菓子類も不二家ブランドとして人気の商品でしたが、当時の繁栄を取り戻すには至らず、2008 年、山崎製パン株式会社のグループに入り、連結子会社となりました。山崎製パンの販売網に助けられ、コンビニやスーパーへ洋菓子の販路を拡大するなど洋菓子事業の黒字化を目指しています。

（3）　失った信用は回復可能か

　2006 年には「白い恋人」で知られる北海道の石屋製菓で偽装表示が発覚しています。主力商品であった「白い恋人」の消費期限の改ざんが 15 年も前から行われていました。

　2007 年 8 月 14 日、マスコミが大々的に報じた 3 日後の 17 日に社長は引責辞任を表明、23日に同社のメインバンクである北洋銀行の常務が新社長として就任しました。当時の役員 5名中、4 名いた創業者一族の内 3 名が退任し、同族経営を刷新しました。辞任した前社長は「今後経営には一切、関与しない」と表明するなど、経営のワンマン化を排し、健全化に努力した会社自らの取り組みにより、経営改善が成し遂げられました。

　当初、世間は同社を「北海道の恥」などと酷評をしていましたが、素早い対応や会社をあげての自浄努力などにより、不祥事を起こした会社としては異例の再生をしました。同年 11月 22 日の営業再開日は商品が売り切れるほど盛況で、北海道札幌市にある「白い恋人パーク」も 2008 年 1 月に再開、その後施設内を順次充実させ、国内外からの観光客で賑わいを見せています。

　石屋製菓も船場吉兆と同じく親族経営でしたが、事件後の対応に大きな違いがありました。船場吉兆は不祥事を従業員や取引先のせいにしようとし、信用をさらに失墜することとなりました。責任を取ろうとしない、そのような対応が破綻を招くこととなったのでしょう。

2．コンプライアンスの必要性

（1）コンプライアンスは企業経営の重要課題

　今日では、コンプライアンス違反は法令違反だけにとどまらず、社内ルール違反、企業倫理違反、社会倫理違反の意味にまで拡大しています。

　法令に違反していなくとも、何らかのルール、社会倫理に反していることが、企業外に漏洩すると、直ちにコンプライアンス違反として報道されてしまい、社会的制裁を受けます。こうなると、消費者や取引先からの信用失墜の危険があり、築いてきた企業価値が失われ、

業績悪化にとどまらず、事業継続そのものが困難となる場合も多くあります。

　このようにコンプライアンスは、企業のリスク回避の問題として、企業経営の重要課題になっているといえます。

（2）コンプライアンスとリスクマネジメント

コンプライアンス違反のリスクを知る

　「コンプライアンス違反をするな」の掛け声だけではリスクの回避はできません。
利益ももちろんですが、経営者は企業理念の実現を目標に企業の経営、運営をしています。

　リスクマネジメントは、企業が危機に陥ったときに回避したりダメージを最小限にとどめたりするための準備や措置のことである以上、内部統制システム構築時に、予想されるリスクと管理について理解し、明文化することが重要です。

リスクマネジメント

リスクの把握

① どんなコンプライアンス違反の可能性があるのか。

② どんな部署・場合に起こるのか。

③ どのような結果の予測ができるのか。

リスクへの対応

① コンプライアンス違反が起こった場合はどう対応するのか。

② 関係者の相談窓口と支援の仕組みはできているか。

③ 取締役を筆頭に組織的な対応方法は構築されているか。

　など、全社的にリスクの把握と、機能的かつ組織的な対応ができる仕組み作りが求められます。

　コンプライアンス違反が起こり SNS 等で拡散されれば、**法的制裁・社会的制裁・企業の信用失墜**により重大な局面を迎える可能性も生じます。コンプライアンス・リスクの回避及び管理を十分に見据えた自社の内部統制システムの策定には若手・中堅社員を中心にしたプロジェクトチームを立ち上げることが大切になるでしょう。企業の長期的な事業持続化を念頭に置くと共に、新たな視点を加えた「仕組み」を作っていきましょう。

第 2 章

社内と社外の規範遵守

01 規範とコンプライアンス

１．規範意識とは

（１）規範と規範意識

　規範とは道徳・倫理・法令等の社会のルールのことを言い、規範意識とはそれらの社会ルールを守ろうとする意識のことを言います。従って、自分とはかけ離れたところにあるものではなく身近な守るべきルールとして意識している状態が望ましく、コンプライアンスに対応するためにも規範意識を持つことが求められます。

（２）規範意識を持つ

　例えば自動車での通行を考えてみます。自動車を運転するには免許が要り、道路を走るには当然交通法規を守らなくてはいけません。予期しない事態も想定され、そのことへの対応も求められます。自動車の運転では、大部分の方は、慣れれば自然に交通法規に従うことができるようになります。ところが社会問題化した東名高速（平成29年6月）での「あおり運転」については、重大な死亡事故につながる悪質で危険な行為にもかかわらず、道路交通法第70条で規定されている安全運転の義務[2]を履行しませんでした。この運転手は法令違反に留まらず道徳・倫理にも反し、社会的規範に反した行為をしたと言わざるを得ません。類似の行為を繰り返していたとの情報もあり、規範意識が備わっていたとは言い難い事案です。

　その他にも常磐道（令和元年8月）での「あおり運転」などが続発し、「あおり運転」の厳罰化への流れができました。

　令和2年6月30日「道路交通法の一部を改正する法律」（令和2年法律第42号）が施行されました。

　【妨害運転（あおり運転）に対する罰則の創設】
　○　通行妨害目的で、交通の危険のおそれのある方法により一定の違反（車間距離不保持、急ブレーキ禁止違反等）をした場合（懲役3年・罰金50万円以下）
　○　通行妨害目的で著しい危険（高速での停車等）を生じさせた場合（懲役5年・罰金100万円以下）
　○　免許の取消処分の対象に追加

---

[2]　（安全運転の義務）
　車両等の運転者は、当該車両等のハンドル、ブレーキその他の装置を確実に操作し、かつ、道路、交通及び当該車両等の状況に応じ、他人に危害を及ぼさないような速度と方法で運転しなければならない。

○ 「あおり運転」は車同士の場合だけでなく、自転車に対して行った場合も罰則と免許取消。

2. 社内規範と社外規範

（1）社内規範

社内規範とは、企業経営を健全かつ円滑に進めるために、その方針の明文化された基準・ルール。企業理念をもとに、行動規範や各種の社内規定、指針などを体系的に明文化したものであり、従業員に周知しなければならない社内ルールです。

就業規則、服務規程、給与規程、経理規程、旅費規程、業務マニュアル等があり従業員が守るべき社内の決まり事を言います。

社内ルール（規範）を守らないコンプライアンス違反（例示）

① 顧客情報の漏えい　② 営業秘密の漏えい　③ 職務権限違反　④ 報告不備

⑤ 情報機器や文書管理の不備　⑥ 情報送信ミス　⑦ 情報改ざん　⑧虚偽報告

⑨ 責任転嫁　⑩ 会計不正　⑪ハラスメント　など

これらの違反から法的制裁・社会的制裁・企業の信用失墜など深刻なリスクが生じることもあります。

（2） 社外規範

個人として守るべき社会的ルール、社会の規範。道徳、法律、慣習等で社内規範を除外したものを言います。

社外における私人としての行動によって、規範が守られない場合であっても、個人の違反とは見てもらえず、企業の評判の毀損につながります。インターネット社会では社員個人の社会的ルール違反が、企業の実名入りでSNS等で炎上する事例が尽きません。

企業は社内・社外共に規範等遵守のため、社員の教育や対応マニュアル作りを行い、社員相互関心力を育てる必要があります。

3. 規範遵守はコンプライアンス

企業活動を行うための前提条件としてのコンプライアンスは、規範を守ることともはや同義語と言えるでしょう。従業員個人の社外規範（社会的ルール）違反が企業に影響を与えることが避けられない昨今、社内・社外を含めコンプライアンスのリスクマネジメントが必須となっています。次の項では具体的な事例を介し、コンプライアンスについて体験的に学びましょう。

02 身近なコンプライアンス問題

1．知らないでは済まないコンプライアンス違反

（1）自転車による事故の社会問題化

　自転車の事故が増えており、一時停止違反や歩道走行などの法令違反が原因となっていることが散見されます。通勤に自転車を使用している従業員も多いと思いますので、以下の注意が必要な事項を参考にしてください。

自転車と道路交通法

・自転車は、道路交通法上は軽車両であり車両の一種です。「車両」なので「安全運転の義務」が課せられています。但し、自転車を押して歩いている者は歩行者と見なされます。

・自転車の通行場所

① 車道・歩道の区別のある道路では、車道を通行します（車道通行の原則）、ただし、自転車道があれば、自転車道を通行します。また、路側帯を通行することができます。　道路では左側あるいは左端を通行します。

② 例外的に歩道を通行できる場合、歩行者の通行を妨げない、歩道の中央から車道よりを徐行して通行します。

（2）道路交通法上の自転車の危険運転（15 項目）

① 信号無視：進行方向の赤信号を無視し、交差点などを通過する。

② 指定場所の一時不停止：止まれ標識や一時停止の指定がある場所で一旦停止しない。

③ 遮断踏切への侵入：遮断機が下りたり警報機が鳴っていたりする踏切に侵入する。

④ 通行禁止違反：道路標識などで通行禁止にしている道路や場所を通行する。

⑤ 歩道における車両の通行義務違反（徐行違反）：通行が認められている歩道で、歩行者に注意せず、または徐行しないで通行する。

⑥ 歩道通行時の通行方法違反：車道寄りを徐行しない。歩行者の通行を妨害する。

⑦ 通行区分違反：車道の右側通行や、右側に設置された路側帯を通行する。

⑧ 路側帯通行時の歩行者の通行妨害：自転車が通行できる路側帯で、歩行者の通行を妨げるような速度と方法で通行する。

⑨ 交差点安全進行義務違反等：交差点への進入時は、優先道路を走行する車両や、幅が明らかに広い道路を進行する車両の進行を妨害する。交差点進入時や交差点通行時は、横断する歩行者に注意を払わず、安全な速度で進行しない。

⑩ 交差点優先者妨害等：交差点右折時に、直進車や左折車の進行妨害をする。

⑪ 環状交差点安全進行義務違反等：環状交差点を通行する車両の進行を妨害したり、安全な速度で進行しない。

⑫ 制御装置（ブレーキ）不良自転車運転：ブレーキが正常に作動しない自転車、ブレーキが前輪または後輪のみの自転車やブレーキのない自転車で走行する。

⑬ 安全運転義務違反：ハンドルやブレーキなどを確実に操作せず、他人に危害を及ぼすような速度や方法で運転する。傘さし運転や携帯電話・スマートフォンなどを操作しながらの運転で事故を起こした場合などは、安全運転義務違反の対象になる。

⑭ 酒酔い運転：酒気を帯びて自転車を運転する。

⑮ 妨害運転(あおり運転)：他の通行を妨げる目的で「逆走して進路をふさぐ」「幅寄せ」「進路変更」「不必要な急ブレーキ」「ベルをしつこく鳴らす」「車間距離の不保持」「追い越し違反」をする。自転車が自動車に対して行うものも含まれ、車の前での蛇行、急停車は該当となる（令和2年6月30日新設）。

　その他にも無灯火、二人乗り等の禁止などが道路交通法には規定されており、これも含め違反すると懲役や罰金が科せられます。量刑については違反の種類等でそれぞれ異なりますが酒酔い運転については5年以下の懲役または100万円以下の罰金と、自転車による法令違反として厳しく扱われています。

　これまでは自転車による交通違反はあまりなじみがなかったかもしれませんが、14歳以上は罰則の対象になり、知らなかったでは済みません。道路交通法違反はコンプライアンス違反ともなります。

　また、自転車走行による事故には賠償責任があります。業務中や通勤途上であれば企業に使用者責任が問われる場合がありますし、私生活上で起きたとしても企業の風評リスクにつながりますので十分な注意が必要です。

国土交通省による自転車損害賠償責任保険等への加入促進

　自転車事故における被害者救済の観点から、条例により自転車損害賠償責任保険等への加入を義務化する動きが広がっています。

・都道府県等に対して条例等による自転車損害賠償責任保険等への加入 義務付けを要請

・さらに、標準条例（技術的助言）を作成し、都道府県等に周知（H31.2）・支援 ・情報提供の強化等により、自転車損害賠償責任保険等への加入を促進

　自転車損害賠償責任保険等への加入義務化の条例改正は平成27年10月に初めて兵庫県で導入され、その後も多くの地方自治体で義務化や努力義務とする条例が制定されています。令和4年4月1日現在、39都道府県・政令指定都市において、自転車損害賠償責任保険等への加入を義務づける(内9の道県で努力義務)条例が制定されています。

事例検討

　コンプライアンスの視点から思いつくことを書き出してみましょう（グループ研修の場合はグループごとに話し合ってみましょう）。

事例 3

夜間ではあったが、コンビニ、24 時間営業のレストランや街灯があり、とても明るい通りなので無灯火で自転車走行した。

２．日常の業務とコンプライアンス

（１）日常業務とコンプライアンス

　では、毎日の業務に視点を移してみましょう。私たちは日々定められた時間に仕事に出かけ、休日以外は勤め先企業で仕事をしています。新入社員の皆さんは環境や仕事に慣れるためハードな時間を過ごされていることと推察します。

　職場ではパソコン(以下「PC」と表記します)によるメールを介しての業務上のやり取りが多いのではないでしょうか。携帯電話でのメッセージアプリ等のやり取りでは皆さんはきっと達人の領域におられると思いますが、業務上のメールの作成は苦手で、すでに「失敗した」と思われている人もいるかもしれません。

　PC 上の業務メールは必須かつ重要なスキルですので磨いていくより他ありません。

　気を付けるポイントは

・送信先アドレスに間違いはないか

・送信先担当者名に誤りがないか

・送信メール以外に過去のメールが付随していないか

　（メール返信の際は特に必要でない限り削除しましょう）

・メール本文に誤字脱字はないか

・相手に通じる日本語になっているか、要旨に抜けはないか

・送信者名が正しく表記されているか、部署名や連絡先は正しいか

　といったところでしょうか。PC の横に留意する点を書き出し貼っておくのもよいですし、留意点が増えたら書き足すのもよいでしょう。

　些細な工夫が自身を助け、コンプライアンス違反を防ぐための第一歩になります。

（2）日常業務の中のコンプライアンス違反

　以下の日常の業務の中で起こるコンプライアンス違反について検討しましょう。

事例検討

　コンプライアンスの視点から思いつくことを書き出してみましょう（グループ研修の場合はグループごとに話し合ってみましょう）。

事例4

① 社員Aさんの出張で貯まっていたマイル（航空会社が行う顧客へのポイントサービス
　（マイレージサービスともいう）を使い私用の旅行で搭乗券と交換しました。
　この貯まっていたマイルは誰のものなのでしょうか

② 個人のカードに貯まっていたポイントで購入した会社の物品代金は請求できるの？

事例5

出張先の宿泊ホテルでもらったプリペイドカードを私用で使ったら、どうなるの？

事例6

社員Cさんが社内で使用しているPCの年数が経過し廃棄交換することになった。入社後すぐに貸与されたPCで、これまでも自宅に持ち帰って使用していた。自分をよく助けてくれたとの思いもあり、まだまだ自宅で使用するには性能的には差し支えないと判断したので、廃棄物品倉庫から持ち帰った。

事例検討の解説

事例3について

　道路交通法第 52 条 1 項「灯火義務」違反になります。夜間に無灯火で自転車を運転することは商店街等の明るいところでも違反となります。

　故意、過失を問わず 5 万円以下の罰金が科せられます。

　無灯火である場合の交通事故では、状況にもよりますが自転車側の過失割合が加算される場合が多くあります。

　人身事故の場合は、損害賠償（民事）や、重過失致傷罪（刑事）で訴追されることにもなりかねません。「道路交通法上の自転車の危険運転（15 項目）」には特に注意しましょう。

事例4について

① マイレージサービスとは、航空会社が行う顧客へのポイントサービスのことで、マイルが搭乗券と交換できるものです。

　この事例のようにマイルの所有については各企業で問題となることもありますが、基本的には会社の出張費での搭乗券購入であれば、会社に帰属します。

　ところが、マイルはチケット購入者である個人と航空会社の契約によって受けるサービスのため、貯まったマイルやポイントを企業などに移す手段がないこともあり、多くの企業は「出張者個人のもの」としているようです。

② ほとんどの店ではポイントを値引きと捉えますのでポイントから支払った書面は発行してもらえますが領収書は発行してもらえません。領収証がないと会社は。購入した物品代金を払ってくれずポイント分損をした結果になってしまいます。少額の立替払いが慣例的に行われていたとしても、業務で必要な物品等の購入は会社の物品購買部門を通して行うのが良いでしょう。会社ではルール化されているはずなのでコンプライアンスの面からも定められているルールを遵守することが必要となります。

　また、個人の現金立替えと同様なので請求可能とする見解もあります。その場合は前提として事前に会社に話をとおしておくこと等ルールに添った対応が必須となります。個人のポイントを会社に買い受けてもらったことになるので、ポイント相当額を会社から給付される形になり、その給付は税務的には臨時の給与となり給与所得となるといった専門家による考え方もあります。

事例5について

　出張者個人がもらったとは考えにくい事案です。ホテル代の**値引き相当額**になりますので、宿泊代を支払った会社に帰属するものと言えます。もらったプリペイドカードは、会社から預かっているものなので、仕事と無関係に私的に使えば刑法第253条の**「業務上横領罪」**に問われかねないでしょう。

　単純横領罪：自己の占有する他人の物を横領した場合に成立し、5年以下の懲役が科されます（刑法第252条1項）。友人から借りた物を無断で質屋やオークションなどで売却した場合などが該当します。

　業務上横領罪：業務として他人の物を預かっている者がその物を横領した場合に成立し、10年以下の懲役が科されます（刑法第253条）。行為者が一定の身分を持つことを構成要件とした身分犯で、単純横領罪よりも重い刑となります。企業や公的機関の経理や集金の担当者が業務上の立場を利用して故意に会社の金銭を着服した場合などが該当します。

　遺失物等横領罪：他人の遺失物などを横領したときに成立し、1年以下の懲役または10万円以下の罰金が科されます（刑法第254条）。横領罪の中で最も量刑が軽く、罰金のみで済む場合もあります。他人が落とした財布を拾い、警察に届けずに自分の物にしてしまう場合などが該当します。

事例6について

・「廃棄物倉庫から自宅に持ち帰った」については**窃盗罪**になります。貸与されてはいたが個人の所有物ではありません。

　○「これまでも自宅に持ち帰って」については、無許可ならば数日間でも**使用窃盗（窃盗罪）**になる場合があります。数日間だとしても会社のPCを自宅に保管し自己の占領下に置くことが**不法領得の意思**（他人の物を自分の所有物であるかのように利用・処分したりする意思）がないといえるかどうかによります。

・会社の営業秘密漏えいの恐れがあります。

　○営業秘密は、**不正競争防止法**により民事上、刑事上保護されています。
　営業秘密を不正取得した者、不正取得された営業秘密を使用・開示した者、従業員・退職者で任務に反して使用・開示した者等は、同法上営業秘密侵害罪として、10年以下の懲役若しくは1,000万円以下の罰金に処せられます。

　○個人情報保護法による安全管理措置違反
　　会社の情報管理規定等の違反。　物理的安全管理措置の妨害⇒**業務妨害的行為**
　　自宅のパソコンを会社に持ち込み使用してよいか、またその逆はどうかについては情報漏えい事故・ウイルス感染の危険性・サイバー犯罪につながる可能性があるので原則認められていません。

※公私混同はコンプライアンス違反に繋がる可能性が大きく、自身の信用も失墜します。

３．私的行動とコンプライアンス

（１）職場内でのプライベートとコンプライアンス

　企業では、業務としてインターネットを使用することが多くなっており、顧客情報等の流出を防ぐために従業員のメールをモニタリングすることも必要となってきました。仕事中は、本来メールのプライベートな使用はあってはならないのですが、従業員間の私的な（飲み会等の）連絡に利用されていることがあります。裁判例においては合理的な範囲内での私的な使用は認めていますので、従業員のプライバシー権を守りながら、かつ企業情報の流出防止も行わねばなりません。そのため、モニタリングは適切な目的・手段をあらかじめ職員に周知すると同時にモニタリングの必要のないように、業務目的以外の電子メールの私的利用禁止を徹底させなければなりません。必要なモニタリングについては社内での協議とモニタリング規程の整備作成を行い、協力関係の下で実施することになります。

（２）職場外でのプライベートとコンプライアンス

　休日や就業後、私たちは日常的に職務を離れて私的な行動をとっています。個人の自由な行動は法令等社会的ルールを逸脱しない限り、憲法で保障された権利です。

日本国憲法で明記されている主な自由権
　・思想及び良心の自由（日本国憲法第 19 条）
　・信教の自由（日本国憲法第 20 条）
　・集会、結社及び言論、出版その他一切の表現の自由（日本国憲法第 21 条）
　・居住、移転及び職業選択の自由（日本国憲法第 22 条）
　・外国に移住し、又は国籍を離脱する自由（同上）
　・学問の自由（日本国憲法第 23 条）

　日本国憲法にはこのほか「不当に拘束をされない権利」、「裁判を受ける権利」等の国民が有する権利について明記されています。
　更に日本国憲法第 12 条では「この憲法が国民に保障する自由及び権利は、国民の不断の努力によって、これを保持しなければならない。又、国民は、これを濫用してはならないのであつて、常に公共の福祉のためにこれを利用する責任を負ふ。」ともあり、**自由・権利**は「保持義務」と「濫用の禁止」について明記すると共に、公共の福祉のための利用責任を負わせています。
　次に**国民の義務**についても触れておきたいと思います。憲法では<u>「教育の義務」「勤労の義務」「納税の義務」を国民の三大義務</u>と定めています。

国民の三大義務

・教育の義務：日本国憲法第 26 条

　1 項　すべて国民は、法律の定めるところにより、その能力に応じて、ひとしく教育を受ける権利を有する。

　2 項　すべて国民は、法律の定めるところにより、その保護する子女に普通教育を受けさせる義務を負う。義務教育はこれを無償とする。

・勤労の義務：日本国憲法第 27 条

　1 項　すべて国民は、勤労の権利を有し、義務を負ふ。

　2 項　賃金、就業時間、休息その他の勤労条件に関する基準は、法律でこれを定める。

　3 項　児童は、これを酷使してはならない。

・納税の義務：日本国憲法第 30 条

　国民は、法律の定めるところにより、納税の義務を負ふ。

※これらの義務は、私たちが豊かな社会生活を送るためには必要不可欠なものであり、我々国民自身のために守るべきものといえます。

（3）私的行動の事例

事例検討

事例7

社員 D さんは会社帰りに学生時代の友人との飲食会に参加した。

電車で帰宅時に、酔った勢いでホームから飛び降りるなどした。幸い遅い時間だったため電車の本数も少なく大事には至らなかったが、その様子が同行していた友人によりネット上にアップされ炎上した。また、マスコミにも取り上げられテレビ放映された。

業務後のプライベートな出来事だが、コンプライアンス違反と言えるか。コンプライアンス違反であれば企業や D さん個人にどのようなリスクが考えられるか。

事例検討の解説

事例7について

威力業務妨害罪・・・3年以下の懲役又は50万円以下の罰金（刑法234条）。

　威力業務妨害罪は、人の意思を制圧するに足りる勢力（威力）を示して、被害者の正当な業務活動を妨害する犯罪行為です。鉄道会社は、運行の安全確保、捜査への協力等のため、列車の運行を停止せざるを得ませんので、鉄道会社の正当な旅客運送業務を妨害したと言えます。

○たとえ刑事事件として立件処罰されなくとも、民事では、列車の運行を妨げたことによる損害、鉄道会社の従業員等が対応に当たらざるを得なくなったことによる人件費、運休によって発生した営業損失など、鉄道会社から多額の損害賠償を求められることもあります。

○またマスコミ報道、ネットでの拡散によるDさん本人・家族・友人の信用の失墜や嫌がらせ、勤務先からの懲戒処分など、経済的・社会的不利益は非常に重大なものが予想されます。単なる悪ふざけ、酔った勢いでの行動ではすまされません。

　勤務先の信用失墜などにも及び、企業の風評被害は想定を超えることがあります。社内の懲罰規定を見直すことや、再発防止のための社員教育の実施等、全社を挙げての取組みが必要となるでしょう。

03 インターネット社会のコンプライアンス

1. ネット取引のトラブル

（1）「電子商取引」とは

　国税庁「税法」によると法第2条第6号（電子取引の意義）に規定する「電子取引」には、取引情報が電磁的記録の授受によって行われる取引は通信手段を問わずすべて該当するとし、次のような取引もこれに含まれるとして例示しています。

(1)　EDI（Electronic Data Interchange）取引

(2)　インターネット等による取引

(3)　電子メールにより取引情報を授受する取引（添付ファイルによる場合を含む）

(4)　インターネット上にサイトを設け、当該サイトを通じて取引情報を授受する取引でASP（Application Service Provider）事業者を介した取引

※　EDIとは、商取引に関する情報を企業間で電子的に交換する仕組みをいう。

※　ASP事業者とは、インターネットを通じてビジネス用のソフトウェア等をレンタルする事業者をいう。

　また、経済産業省により、「電子商取引及び情報財源取引に関する準則」が平成14年以来毎年改訂され，直近では令和2年8月に最新版が387頁の容量で出されています。電子商取引に関しては変化が激しく、他の法律のように確定的に成立させることが現段階では非常に困難なようです。そういった状況の中ですが、準則の冒頭で「電子商取引等に関する様々な法的問題点について、民法をはじめとする関係する法律がどのように適用されるのか、その解釈を示し、取引当事者の予見可能性を高め、取引の円滑化に資することを目的とするものである。」と記しています。

（2）ネット取引のトラブル

　この「電子商取引及び情報財源取引に関する準則」の中で、インターネット通販取引とクレジットカード決済について「なりすまし」を取り上げ、言及しています。盗まれたクレジットカード情報を使用し通販サイトで商品を購入された場合は、本人になりすまし、カード決済ができてしまいます。カードやカード情報の保管管理が適切に行われていたか否かにより、本人に過失があれば商品代金を支払わなくてはいけなくなります。

　また、インターネットバンキング・ATM において預金が不正に払い出された場合、ＩＤ・パスワード等が正しく入力されており、かつ銀行によるＩＤ・パスワード等の管理が不十分であった等の特段の事情がない場合は、銀行は責任を負わないと記載があります。

　このことは企業間取引(BtoB)においても同様で、権限者になりすまし、契約や発注をした場合は表見代理（民法 110 条：代理権限があるかのような外見を信じた人を保護する法律）が成立し、債権者への支払いが生じることになります。

　また、「電子商取引」でなく紙面での取引の場合、注文書等を偽造すれば**私文書偽造罪**(刑法 159 条)に問われますので、間違いなく権限者に確認を取って、気を利かせたり、越権行為などしないよう注意して業務を行ってください。

2．ＳＮＳでの「炎上」トラブル

（1）SNS の普及
　SNS とは、Social Networking Service のことで、日本語に訳すと「ソーシャル（社会的な）ネットワーキング（繋がり）を提供するサービス」という意味になります。
　インターネットを介して人間関係を構築できるスマホ・パソコン用の Web サービスの総称です。 ブログや電子掲示板よりも「情報の発信・共有・拡散」といった機能が重視されています。

代表的な SNS
Twitter(米国、Twitter, Inc. 2006 年 3 月設立)：気軽な人間関係を築けるため 10 代・20 代の若年層の間で特に流行っています。ツイート（つぶやき）と呼ばれる 140（半角 280）文字以内のメッセージや画像、動画、URL が投稿できます。 リツイートという機能で、他人のつぶやきをコピー・転載することで情報が広まる（拡散）という特徴を持ち、このリツイートによる拡散が世間の思わぬ反応を生み、「炎上」という現象を起こすことがあり問題となっています。

Facebook（米国、Facebook, Inc. 2004 年 2 月設立）：世界最大のソーシャル・ネットワーキング・サービスと言われています。自己紹介（プロフィール）や日記を書いて、それに対してコメントをもらいます。他の SNS がハンドルネームなどの匿名を許可しているのに対して、実名制であり、顔写真を掲載しているユーザーも多いことから、ビジネス面での利用が活発で現実社会への影響力が強いことも特徴です。

LINE(日本、LINE 株式会社、2000 年 9 月設立)：LINE は 2011 年 6 月に文字が送れるだけのシンプルなサービスとしてスタートしました。若年層から年配層までの幅広いスマホユーザーが利用している SNS アプリで、スタンプと呼ばれるユニークな画像を使ったチャット機能

（トークと呼ばれる）が特徴です。 登録には携帯の電話番号が必要なので複数アカウントを取得することが難しく、家族や友人といった間柄でのコミュニケーションに多く利用されています。 また、複数人での会話に便利なグループチャットやグループ通話という機能があります。

Instagram：インスタグラムはFacebook, Inc. が提供している無料の写真共有サービスです。通称インスタとも呼ばれる写真を中心としたSNSで、新しいユーザー層（流行に敏感な20代〜30代の女性）を中心に急速に利用が広まっています。Facebookでは基本的に個人ユーザーの場合は実名での登録が原則ですが、インスタグラムではほかのSNSと同様に匿名での登録も可能となっています。 芸能人や著名人のアカウントも増加の傾向にあり、見栄えの良いオシャレな写真を指してインスタ映え（SNS映え）と言い2017年の流行語となるなど、SNSの中でも華やかなイメージで捉えられています。 また、フォロワー数が多く影響力が強いユーザーが、企業から依頼を受け商品紹介やプロモーションを請け負い、"インスタグラマー"と呼ばれています。

（2）SNSでのトラブルとコンプライアンス

インターネットを正しく使いこなすための知識や能力(インターネットリテラシー)は
①ネット上の情報の正確性を読み取り、情報の取捨選択や適切な対応ができること。
②電子商取引に正しく対処できること。
③利用料金や時間に配慮できること。
④プライバシー保護やセキュリティ対策を講じられること。
などを言います。

インターネットリテラシーが不足したままインターネットを利用すると、不適切なプライバシーの公開や個人情報の流出、著作権や肖像権の侵害、コンピュータ・ウイルス感染による迷惑メールの送付などの被害者や、知らない内に加害者になる可能性もあります。さらには、不正アクセスによる**なりすまし**、サイバー犯罪に巻き込まれるなどの違法行為へとつながる可能性があります。また、ネットショッピングによる過剰な消費行動、オンラインゲーム依存など生活の破綻につながる危険性も孕んでいます。

トラブル事例にみるコンプライアンス違反
① プライバシー情報の流出

プライベートな情報を公開している意識のないまま日常を写真に撮りSNSに載せた結果、写真の背景等の情報から自宅の位置や学校名、勤務先などが特定され、ストーカー的な行為に遭ったり、海外旅行に行くなどの情報を載せ空き巣の被害に遭ったりする実例があります。SNSを利用する時は不特定多数の人に知られる可能性に十分注意する必要があります。

②　いじめ（ハラスメント）

　LINE や Twitter を利用する中高生の間で多く見られるようです。LINE ではグループチャットが可能なため、一人の人物に対し大勢が暴言を集中的に浴びせるなどの攻撃をしたり、グループを一斉に抜け一人を孤立させたりします。「ネットリンチ」という言葉もあるようで陰湿さを感じさせます。

　Twitter でも「ツイッターいじめ」と言われるネットいじめが、主に中高生の間で行われています。特定個人に対する誹謗中傷や無視などがあげられますが、公開アカウント以外に「裏アカウント」や「鍵アカウント」などと言われる非公開ツイートを持ち、使い分けるなどするため外部からやり取りが分からず、いじめが発見されにくいため解決が困難になっています。

　また、大学生や社会人の間でも同様なことが行われる事例もあるようです。

③　ソーシャルハラスメント

　特に職場において広がりを見せており、会社の上司や担当者から「いいね」を強要されたり、SNS に投稿した内容を職場で話題にされることや、特に交流のない職員から友達申請が何度も送られてきたりすることを指します。実名制で利用する Facebook で起こりやすい傾向があるようです。ママ友や PTA の集まり、文化活動などの社会生活にも及んでいます。ソーハラとも言われ、パワハラやセクハラになる場合もあります。

④　晒し（さらし）行為

　街中でマナーの悪い者を無断で撮影して投稿したり、特定の人物の様子を動画に撮って投稿したりする行為で、インターネット上で個人の名前、住所、経歴などプライベートな情報や顔写真などの肖像を許可なく公開する行為全般を指します。情報が拡散しやすい Twitter で行われることが多く、他人の悪口やトラブルの公開など情報内容によっては名誉棄損などの犯罪となる可能性もあります。

⑤　アカウントの乗っ取り

　アカウントが乗っ取られる危険もあります。使いまわしや簡単に推測できる ID・パスワードなどは要注意です。詐欺や虚偽情報の発信などに使われ、Twitter、LINE で被害が増加し、Facebook でも発生しているようです。

　家族や知人のアカウントが乗っ取られており、巧妙に個人情報やパスワードを聞いてくる手口があります。執拗に聞いてくるなど何か不自然に感じることがあれば、乗っ取りを警戒してください。

⑥　なりすまし

　アカウントの乗っ取りにより家族や知人になりすますほか、偽アカウントを使い他人のプ

ロフィールからコピーした顔写真を掲載する等巧妙な手口で「アカウントを作り直したので登録し直してください」といったメッセージが届き友達申請を求める場合があります。有料サイトやフィッシング詐欺への誘導や個人情報の取得などのほか、想像が難しい目的が潜んでいることがあります。

　LINE では知人だと思うアカウントから電話番号と認証番号を知らせるようメッセージがあり、伝えたところ LINE にログインできなくなって本人が気づく事例が起きています。

⑦　フェイクニュース

　アメリカの大統領選などで相手候補の誹謗中傷に使われるなどした、フェイクニュース（虚偽報道）が深刻な事態を起こすことがあります。世界中のどこからでも発信することが出来るため、報酬目当てで仕事として行っているという、アフリカ大陸某国のライターについてテレビ番組の報道もありました。報道の真偽について見極める力を持つことは大変難しいことではありますがインターネットリテラシーを強固にして、SNS に振り回されない力を各個人が持たなければならないでしょう。

（3）"炎上"という現象

　すでに、27 頁の事例 7 でも述べてきましたが、"炎上"について再度取り上げていきたいと思います。

　発端は SNS 上に投稿した 1 枚の写真や 1 つのツイートで、それに火がつき、瞬く間に拡散されていき、社会的影響が大きくなる現象を「炎上」、「炎上する」と言っています。インターネット上において不祥事の発覚や失言、詭弁と判断されることをきっかけにして、非難・批判が殺到して収拾がつかなくなっている事態や状況を指すインターネット用語として定着しているようです。

　本人及び関係者による「悪ふざけ画像」（飲食店の厨房で食材を素手で口に入れ、冷蔵庫に戻すなどの行為の投稿）や一般人、企業の従業員、芸能人のツイートが炎上することもあり、社会問題化しています。

　最近は新型コロナウイルス関連の事案が増えているようです。帰省し新型コロナウイルスの感染が判明した女性の発言に事実と異なる部分があったため、氏名、自宅住所、職業、帰省中の個人的な行動や帰省先住所、親の職業に至るまで、あらゆることがネット上に拡散されてしまいました。

　新型コロナウイルス感染者を出していない飲食店に対して、クラスターが発生している店舗だと SNS 上に虚偽の発信がされたため同店舗の SNS に誹謗中傷が殺到し、実際の店舗にまで誹謗のビラが貼られるなどの迷惑行為がおこなわれました。

　病院関係者に対しても、誹謗中傷が高じて個人的なことまでも批判の対象となり拡散炎上しています。

　本人にまったく非がなく、拡散者自らが確認した訳でもなく、批判を受けている人を知っ

ている訳でもない人々により、中傷のための中傷となっています。拡散による「炎上」は面白がることでも、不安や欲求を発散させるための手段でもないことをきちんと自覚し、ネット社会の恩恵であるSNSを利用して欲しいと思います。

こうした炎上の行き着く先は発信したユーザーのアカウントの削除にとどまらず、最悪の場合は詐欺、脅迫、業務妨害など刑事事件や損害賠償などの民事事件、退職・失職・退学などの事態になりかねません。ユーザー本人の勤務先、通学先、家族、友人など迷惑を被る大勢の人達たちがいることをSNS等利用者は念頭に置かねばなりません。

3．組織としての取組

（1）従業員のSNS対策

従業員の個人アカウントによる炎上であっても企業がその責任を問われることがあります。

従業員の何気ないツイートが発端となる場合があり、匿名で行ったとしても勤務先が特定され社名も一緒に拡散されてしまうことが多くあります。SNSを通してルール違反を世界中に発信することになり会社の大きなイメージダウンにつながります。1人が50人に、さらにその50人がそれぞれ50人に拡散する、これを4回繰り返すことで625万人に拡散してしまいます。あっという間に知らなかったでは済まない状態になります。

企業に所属する従業員としての責任
① 業務に関わる投稿をしない。
② SNS上で実名や勤務先を明かさない。
③ 背景や服装などから勤務先が判明する写真や動画を投稿しない。
④ 業務時間外に制服や社員証等を身につけたまま撮影しない。
⑤ 投稿はコンプライアンス違反にならない内容かどうか慎重に吟味する。
　（「悪ふざけ動画」「迷惑行為」「他人の中傷」「会社のこと」「会社の上司や同僚のこと」「取引先のこと」「社員同士の飲み会」などの投稿禁止。）
⑥ 送信先を間違えない。
⑦ 会社に指定されない限り、業務連絡にLINEの使用をしない。
⑧ 上司や先輩に「友達申請」しないし逆も受けない。

全くのプライベートな投稿であっても、企業名などが発覚すると社員の教育不足・指導不足と企業が攻撃の的になる場合もあります。また、投稿により企業に損害を生じさせることになれば、従業員に賠償義務が発生する場合もあり、懲戒規定の対象にもなるので特に注意が必要です。

（2）企業としての SNS 対策

民法第 715 条（使用者等の責任）

「第 1 項　ある事業のために他人を使用する者は、被用者がその事業の執行について第三者に加えた損害を賠償する責任を負う。ただし、使用者が被用者の選任及びその事業の監督について相当の注意をしたとき、又は相当の注意をしても損害が生ずべきであったときは、この限りでない。」

　この法律によれば、たとえ使用者に落ち度がなかったとしても従業員の不法行為により、第 3 者に損害を与えた場合は損害賠償責任を負うことになります。従って企業は SNS トラブルを未然に防止することが必須となります。

SNS 教育

　SNS によるトラブルは、従業員が会社に損害を与えようと意図的に行う場合と意図せず深く考えずに投稿をしてしまう場合があるようですが、意図せず会社に損害を与えてしまったということの方が多いようです。従って個々の従業員に SNS トラブルによる影響についてよく理解してもらうため、会社は新入社員のみではなく管理職や役員を含めた全社員に定期的に SNS 教育を実施する必要があります。パートやアルバイトを多く採用している流通・小売・飲食などの業種では、研修は特に重要となります。B to C（企業(Business)to 消費者(Customer)間取引 ）の事業形態なので、トラブルの影響は直接的なダメージにつながる恐れがあります。

SNS 利用に関する規定の整備

　SNS 教育では、SNS トラブルが発生した場合に会社が従業員に対して懲戒処分を行うことが出来るか否かも考慮する必要があるでしょう。従業員の SNS 利用について、①誓約書、②就業規則、③ガイドライン等で会社の基本姿勢を明らかにしておきます。特に、就業規則や服務規程の懲戒事由のそれぞれに SNS 利用に関する規定を設けておき、トラブルの重大性によっては加害従業員の懲戒処分を検討できる状況にしておくことが必要ではないでしょうか。

SNS 投稿の監視

　方法としては自社のキーワードをいくつか選定し、それを Google や Yahoo！などの検索エンジンで定期的に検索します。その結果出てくる情報を定期的に把握し社内で共有化を図り、自社のキーワードがインターネット上でどのように評価されているのか、評価の論調に変化がないかなどを注視することで、「炎上」と言われるようなトラブルを防ぐことができるのではないでしょうか。

第 3 章

企業倫理と社会的規範

01 企業に求められる倫理

1．職場内の人間関係とトラブル

（1）離職者の理由別割合

　厚生労働省「平成 30 年雇用動向調査結果の概況」によると平成 30 年１年間の転職入職者が前職を辞めた理由の内、「職場の人間関係が好ましくなかった」は**男性 7.7%**で「その他の理由（出向等を含む）」29.4%や「定年契約期間の満了」16.9%を除くと 10 選択肢中 3 位、**女性は 11.1%**が「職場の人間関係が好ましくなかった」で「その他の理由（出向等を含む）」25.5%や「定年契約期間の満了」14.8%を除くと 10 選択肢中 2 位になっています（但し、この調査の回答者は事業所であり離職者本人ではない）。このように退職理由中「職場の人間関係」が高い順位を占める結果となっています。

（2）職場における人間関係

　厚生労働省「平成 30 年労働安全衛生調査（実態調査）」によれば回答した約 9,000 人の労働者のうち 58%が「現在の仕事や職業生活に関することで、強いストレスとなっていると感じる事柄がある」と回答しました。ストレスの内容をみると、「仕事の質・量」が 59.4%、続いて「仕事の失敗、責任の発生等」が 34%、そして 3 位が「対人関係（セクハラ・パワハラを含む）」で、31.3%でした。

　では具体的に職場でストレスと感じる人間関係の主なものについて見ていきましょう。
① 　上司との関係
② 　仲間はずれ、いじめ
③ 　職場になじめない
④ 　なめられている、馬鹿にされている
⑤ 　パワハラ・セクハラ　　等
職場ではこれらのことが原因で悩み、精神疾患となり離職するケースもあるため、企業はストレスを軽減するためにハラスメント対策やコミュニケーション研修、メンタルヘルスやストレス耐性等を高めるための研修の実施や専門家によるカウンセリングを取り入れるなどの組織的な介入が必要となります。

2. 職場のハラスメント事情

　厚生労働省が発表した『平成30年度個別労働紛争解決制度の施行状況』によると、各都道府県の労働局や労働基準監督署によせられた労働相談の件数は約111万件。そのうち、民事上の個別労働紛争は26万件以上にのぼり、なかでもハラスメント（いじめ・嫌がらせ）の相談が約8万2,797件とトップとなっていて過去最高を更新しました。

　「harassment」は執拗な嫌がらせを意味する英語ですが、今では「ハラスメント」（いじめや嫌がらせを意味する言葉）として日本語として定着しています。日本ではパワハラ（パワーハラスメント）、セクハラ（セクシャルハラスメント）、マタハラ（マタニティハラスメント）等、ハラスメントを種別化して呼称しています。

（1）コミュニケーションを最強のツールにしよう
あいさつは始めの一歩

　あいさつは重要なコミュニケーションです。パソコンや携帯を通しての会話ではなく直接言ってみましょう。対面での会話はハードルが高いように思うかもしれませんが、仕事では直接会話することが必要です。言葉が足らず、意味を取り違えればトラブルの発生となります。

　まずは、温かな気持ちを込めて始業時の「おはようございます」を言いましょう。上司が先に言ってくれるかもしれません、そんなときは元気に「おはようございます」をお返しします。「今日も元気で頑張ります」の意味を込めて声を出します。

　終業時は「お疲れ様でした」「失礼します」と挨拶します。職場で特別な言い方や慣習がある場合以外は「ご苦労様」は上司や先輩には言わないようにします。

　また、人間関係トラブルの多くはコミュニケーションをうまく取れないことに起因しています。コミュニケーションに悩んで精神疾患となり、それが原因で退職する社員が後を絶たない状況があります。円滑なコミュニケーションのために攻撃的な言葉を改めて、相手が受け入れられる言葉で伝えましょう。相手を思いやった素直な言葉でのアサーティブ・コミュニケーション（お互いを尊重しながら意見を交わすこと）は人間関係を良好にしてくれるでしょう。

（2）アサーション（自己主張訓練）を実践してみよう

　アサーション（assertion）とは対人関係に強い不安や緊張などがあり、自己表現ができない人や、逆に自己主張が強すぎて相手を押え込んでしまうような言動をする人に、自分も相手も大切にする自己表現、対人関係のもち方を訓練する技法のことです。
※アサーティブ（assertive）も、同じ意味として使われています。

次の①～③を参考にして伝え方を考えましょう

① 攻撃的にならない：相手の気持ちを後回しにして、自分の欲求や感情を押し通す。

② 受身的にならない：自分の要求や感情を後回しにして、いつも相手を優先させる。

③ アサーティブになろう：自分や相手の要求や感情を必要以上に抑え込まず自己表現する。

例1　「この仕事やっておいて」

① そんなの私の仕事じゃない

② うー、うん

③ ごめんなさい、明日までの仕事で今は手いっぱいなので、引き受けられないの

例2　「この議事録はひどいな」

① そんなにひどいと思うなら、自分でやってください

② そんなにひどいですか。申し訳ありません・・・

③ 何が悪くて、どう直せばよいか、教えていただけますか

アサーティブな応え方を考えましょう

練習1　「暇だろう、手伝ってよ」（自分の仕事が忙しくて手伝う余裕がない状況です）

「　　　　　　　　　　　　　　　　　　　　　　　　　　　　　　」

練習2　「頼んだ書類はできているかい？」（不慣れな書類のため作成が難しい状況です）

「　　　　　　　　　　　　　　　　　　　　　　　　　　　」

練習3　「まだなの？　約束の時間過ぎてるよ」（直前までお客様対応していた状況です）

「　　　　　　　　　　　　　　　　　　　　　　　　　　　」

💡アサーティブになるための方法💡

1. 相手のよいところをほめる
2. 自分も相手も"OK"という考え方をもつ
3. 相手の話をじっくり聞く（聴く）
4. 言語的および非言語的コミュニケーションを活用する
5. 必要なときは「ノー」と言う
6. 怒りへの対応を工夫する
7. 「I（アイ・私）メッセージ」で気持ちを伝える

3．企業の倫理と社会的規範

（1）企業の倫理とコンプライアンス

　企業倫理とは行政で決められた法律や条例を守ること、同様に<u>社会的規範</u>を前提として各々企業がその理念に基づき定めた守るべきルールや規則、人間として当たり前の常識や価値観を言います。

　また、**社会的規範**とは社会生活を営む上で人として守らなければならない基準、道徳、慣習などを言います（広義には法律等も含む）。

　このことから企業にとってのコンプライアンス（法令等遵守）は社会的規範を守ることと、企業理念に基づいた守るべきルールを指します。さらには企業（法人）として守るべき倫理は人としての当たり前の常識や価値観を基軸にするものといえます。

（2）不祥事事例を検討しよう

　次に事例から企業の不祥事について考えていきます。

事例検討

　グループに分かれ、「会社を守るために」コンプライアンスや企業倫理の視点から、思いつくことを話し合ってみましょう

事例8

ある中堅食品スーパーに勤務する入社2年目の社員Eさんの場合

　「良いものをより安くより早く消費者にお届けする」をモットーにしている会社の理念と社長の誠実な人柄が好きで入社しました。

　ところが最近中途入社してきた仕入担当チーフは「古いものをいかに新しく見せるか、これが出来なければ一人前じゃない」、「客はどうせ味など分からないんだから、産地を偽っても大した問題じゃない」と言って商品を売り抜こうとします。Eさんは働きがいもなくなり、このままでは大変なことになると危機感を覚えています。

メモ欄

考察の視点

1．会社が被るコンプライアンス違反によるリスク

2．この体制を変えるためにEさんの出来ること

事例8の解説

コンプライアンス違反のため以下のリスクの可能性があります。

法的制裁

産地偽装・・・不正競争防止法違反（虚偽表示）

社会的制裁

消費者の不買運動、社員個人やその家族が誹謗中傷の的になる場合もある（ご近所、子供の学校や社員の友人知人にも影響する）。

企業の信用失墜

取引先からの取引停止、金融機関の融資停止、企業存亡の危機等、

Eさんに出来ること

・先輩や同僚に相談する。消費者を第一に考える会社の理念を再度社員全体と共有化する。

・社員が協力をし、仕入と販売表示に関するチェック機能の仕組みを作る。

・お客様視点に立って商品の購入数量や品ぞろえ等を随時柔軟に見直し、マニュアル化すると共に全社員に周知する。

・2006年4月「公益通報者保護法」が施行されたので内部通報制度により、コンプライアンス違反の現状を通報する。

　　　通報先：自社相談窓口、外部委託機関（弁護士、公認会計士等）、消費者庁
　　　　　　　他行政相談窓口

　　　課　題：通報者の不安感軽減のため、通報者の不利益防止や匿名性について配慮した「内部通報制度」を社内規定として作成し、周知・運用を徹底する。

02 ハラスメント対策

1. パワハラ・セクハラに関する法整備

（1）パワハラ防止法

2019 年 5 月 29 日、パワハラ防止法と呼ばれる「改正労働施策総合推進法」、及び「改正女性活躍推進法」が成立しました。大企業では 2020 年 6 月に、中小企業では 2022 年 4 月に施行されます。

労働施策総合推進法「労働政策の総合的な推進並びに労働者の雇用の安定及び職業生活の充実等に関する法律」（旧雇用対策法）に、国の施策として「職場における労働者の就業環境を害する言動に起因する問題の解決の促進」（ハラスメント対策）と明記され、パワハラについて法制化されました。パワハラ防止対策として事業主に対して、パワーハラスメント防止のための雇用管理上の措置義務（相談体制の整備等）を新設、あわせて、措置の適切・有効な実施を図るための指針の根拠規定を整備しました。

パワーハラスメントに関する労使紛争については、都道府県労働局長による紛争解決の援助、紛争調整委員会による調停の対象としました。措置義務等については、履行確保のための規定を整備しました。

また、「パワハラの実態を知っていたが放置していた」等になれば、加害行為をしていた社員だけではなく、事業者も民法上の不法行為責任（使用者責任）に問われる可能性もあります。（民法第 709 条、第 715 条）。

（2）女性活躍推進法

「女性の職業生活における活躍の推進に関する法律」では、女性が仕事で活躍することを、雇用主である企業などが推進することを義務づけています。

今回の法改正では以下のように整備されました。

① 一般事業主行動計画の策定義務等の拡大

従業員 301 人以上の企業から 101 人以上の事業主に拡大されます。

② 情報公表義務の項目追加

従業員 301 人以上の企業は、「職業生活に関する機会の提供に関する実績」または「職業生活と家庭生活との両立に資する雇用環境の整備に関する実績」のいずれかを公表します。

（3）男女雇用機会均等法におけるセクハラ防止

　1986 年「雇用の分野における男女の均等な機会及び待遇の確保等に関する法律」が施行されました。1997 年改正の同法律では、企業はセクシャルハラスメントの防止に配慮する義務（配慮義務）があると明記されました。さらには 2019 年の改正でセクハラ防止対策が強化され、11 条により、「・・・必要な措置を講じなければならない」と事業者にセクハラ防止措置を義務化しました。

（4）職場における妊娠・出産・育児休業等に関するハラスメント

　「男女雇用機会均等法」、「育児・介護休業法」が対象とする制度又は措置の利用に関する言動により就業環境が害されるものを言い、厚生労働省は「制度等利用の嫌がらせ型」と「状態への嫌がらせ型」があるとしています。

「制度等利用の嫌がらせ型」該当で防止措置が必要なハラスメントとしては
・解雇その他不利益な取り扱いを示唆するもの（労働者への直接的な言動、1 回でも該当）
　上司に妊娠を報告したところ、「次回の契約更新はないと思え」と言われた
・制度等の利用の請求を阻害するもの
　育児休業の取得について上司に相談したところ、「男のくせに育児休業をとるなんてあり得ない」と言われ、取得をあきらめざるを得ない 状況になっている。
・制度等を利用したことにより嫌がらせ等をするもの
　「子どもが小さいうちは仕事に来ないで、家にいた方がいいのではないか」と上司に言われた。

「状態への嫌がらせ型」該当で防止措置が必要なハラスメントとしては
・解雇その他不利益な取り扱いを示唆するもの
　女性労働者が妊娠・出産したことで、上司が解雇その他の不利益な取り扱いをするもの
・防止措置が必要となるハラスメント
　女性労働者が妊娠・出産したことで、上司・同僚がその女性労働者に対し、繰り返し又は継続的に嫌がらせ等をするもの

ハラスメントの対象になる労働者
・「妊娠出産に関する休業、就業制限等の制度」を利用する、あるいは利用した女性労働者。
・「育児・介護に関する制度」を利用する、あるいは利用した男女労働者。

　ハラスメント行為者となり得るのは主に上司ですが、場合によっては同僚もなり得ますので充分な認識が必要です。

２．パワーハラスメントとは

（１）パワーハラスメントの定義

　パワハラ防止法と呼ばれる**改正労働施策総合推進法**ではパワーハラスメントを「**職場のパワーハラスメント**とは、同じ職場で働く者に対して、職務上の地位や人間関係などの**職場内**での**優位性**を背景に、**業務の適正な範囲**を超えて、精神的・身体的苦痛を与える又は職場環境を悪化させる行為をいいます。」と定義しました。これは厚生労働省の「職場のいじめ・嫌がらせ問題に関する円卓会議ワーキング・グループ報告」（平成 24 年 1 月 30 日）の定義を踏襲しています。では、定義中の**職場内での優位性**とは何か、**業務の適正な範囲**とはどんな範囲のことか、以下に詳しく見ていきましょう。

職場内での優位性について

　パワーハラスメントという言葉は、上司から部下へのいじめ・嫌がらせをさして使われる場合が多いですが、先輩・後輩間や同僚間、さらには部下から上司に対して行われるものもあります。「職場内での優位性」には、「職務上の地位」に限らず、人間関係や専門知識、経験などの様々な優位性が含まれます。職場のパワーハラスメント対策は、上司の適正な指導を妨げるものではなく、各職場で、何が業務の適正な指導の範囲で、何がそうでないのかを明確にする取組を行って、適正な指導をサポートするものでなければなりません。

業務の適正な範囲について

　業務上の必要な指示や注意・指導を不満に感じたりする場合でも、業務上の適正な範囲で行われている場合には、パワーハラスメントにはあたりません。上司は自らの職位・職能に応じて権限を発揮し、業務上の指揮・監督・教育・指導を行い、上司としての役割を遂行することが求められます。社会通念に照らし、明らかに業務上必要性のない言動を行う場合は業務の適正な範囲とは言えないでしょう。

（2）パワーハラスメントの類型

　職場におけるパワーハラスメントの状況は多様ですが、代表的な言動としては 6 つの類型がありますので、以下に例示をします。

① **身体的な攻撃（暴行・傷害）**

　　物を投げつけられ、体に当たった。

　　蹴られたり、殴られたりした。

　　いきなり胸ぐらをつかまれて、説教された。

② **精神的な攻撃（脅迫・名誉棄損・侮辱・ひどい暴言）**

　　同僚の前で、上司から給料泥棒とののしられた。

　　他の労働者の前で、ささいなミスを大声で叱責された。

　　必要以上に長時間にわたり、繰り返し執拗に叱られた。

③ **人間関係からの切り離し（隔離・仲間外し・無視）**

　　理由もなく他の社員との接触や協力依頼を禁じられた。

　　先輩・上司に挨拶しても、無視され、挨拶してくれない。

　　根拠のない悪い噂を流され、会話してくれない。

④ **過大な要求（業務上明らかに不要なことや遂行不可能なことの強制・仕事の妨害）**

　　終業間際なのに、過大な仕事を毎回押しつけられる。

　　１人ではできない量の仕事を押しつけられる。

　　達成不可能な営業ノルマを常に与えられる。

⑤ **過小な要求（業務上の合理性なく能力や経験とかけ離れた程度の低い仕事を命じる）**

　　営業職なのに、倉庫の掃除を必要以上に強要される。

　　事務職で採用されたのに、仕事は草むしりだけ。

　　他の部署に異動させられ、仕事を何も与えられない。

⑥ **個の侵害（私的なことに過度に立ち入ること）**

　　個人のスマホを勝手にのぞかれる。

　　不在時に机の中を勝手に物色される。

　　休みの理由を根掘り葉掘りしつこく聞かれる。

　※ これらの例は限定列挙ではありません。個別の事案の状況等によって判断が異なる場合もあり得ることに十分留意し、職場におけるパワハラに該当するか微妙なものも含め事業主は広く相談に対応するなど、適切な対応を行うことが必要です。

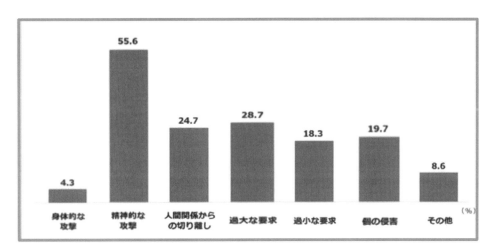

職場におけるパワーハラスメントの類型別比率

厚生労働省「明るい職場応援団」サイト　平成 24 年調査資料参考

3．セクシャルハラスメントとは

（1）セクシャルハラスメントの定義

　男女雇用機会均等法では職場のセクシャルハラスメントとは「**職場**において行われる**労働者**の意に反する**性的な言動**により、労働者が労働条件について不利益を受けたり、就業環境が害されたりすること」をいいます。

　では、定義中の「**職場**」とは何か、「**労働者**」とは誰を指すのか、「**性的な言動**」とはどんなことか、詳しく見ていきましょう。

「職場」とは

　労働者が通常働いているところはもちろんのこと、出張先や実質的に職務の延長と考えられるような宴会なども職場に該当します（取引先の事務所、顧客の自宅、取材先、業務で使用する車中など）。

「労働者」とは

　正社員だけではなく、契約社員、パートタイム労働者など、契約期間や労働時間にかかわらず、事業主が雇用するすべての労働者です。

　また、派遣労働者については雇用主である派遣元のみならず、派遣先事業主も自ら雇用する労働者と同様に取り扱う必要があります。

「性的な言動」とは

　性的な内容の発言や性的な行動のことをいいます。

○性的な内容の発言の例

　性的な事実関係を尋ねること、性的な内容の情報（うわさ）を流すこと、性的な冗談やからかい、食事やデートへの執拗な誘い、個人的な性的体験談を話すことなど。

○性的な行動の例

　性的な関係を強要すること、必要なく身体に触れること、わいせつ図画を配布・掲示すること、強制わいせつ行為、強制性交など。

（２）職場におけるセクシャルハラスメントの内容

　「職場におけるセクシャルハラスメント」には「対価型」と「環境型」があります。

【対価型セクシャルハラスメント】〈例示〉

- ・出張中の車内で、上司が女性の部下の腰や胸にさわったが、抵抗されたため、その部下に不利益な配置転換をした。
- ・事務所内で、社長が日頃から社員の性的な話題を公然と発言していたが、抗議されたため、その社員を解雇した。

【環境型セクシャルハラスメント】〈例示〉

- ・勤務先の廊下やエレベーター内などで、上司が女性の部下の腰などにたびたびさわるので、部下が苦痛に感じて、就業意欲が低下している。
- ・同僚が社内や取引先などに対して性的な内容の噂を流したため、仕事が手につかない。

　※職場におけるセクシャルハラスメントは、男女共に加害者にも被害者にもなり得る問題です。異性に対するものだけではなく、同性に対するものも該当します。

　「ホモ」「オカマ」「レズ」などを含む言動は、セクシャルハラスメントのきっかけにもなり得ます。差別的言動や嫌がらせが起こらないようにすることが重要です。

４．求められる使用者責任

　都道府県労働局「労働相談コーナー」のいじめ・嫌がらせに関する相談件数は年々増加し、平成24年度には相談内容の中でトップの51,670件(約16.8%)となり、引き続き増加傾向にあり平成30年度には82,797件（約22.2%）となっています。

　厚生労働省「パワーハラスメント対策導入マニュアル」は、社内のパワハラ対策として予防と解決をするための取組を求めています。

予防のための取組

① トップのメッセージの発信
② 社内ルールの決定
③ アンケートによる実態把握
④ 教育・研修
⑤ 社内での周知・啓発

解決のための取組

① 相談窓口の設置
② 再発防止

　職場のセクシャルハラスメント対策もパワーハラスメント対策と同様に事業主の義務です。男女雇用機会均等法において、事業主には業種・規模に関わらず次のことが義務付けられています。

① 事業主の方針の明確化及びその周知・啓発 セクハラの内容、「セクハラが起きてはならない」旨を就業規則等の規定や文書等に記載し周知・啓発する
② 相談（苦情を含む）に応じ、適切に対応するために必要な体制の整備
　セクハラの被害を受けた者や目撃者などが相談しやすい相談窓口を社内に設置
③ 職場におけるセクシャルハラスメントに係る事後の迅速かつ適切な対応
　被害者への配慮、行為者の処分等の措置、職場全体に対して再発防止のための措置
④ 併せて講ずべき措置
　相談者・行為者等のプライバシー保護、相談したことや事実関係の確認に協力したこと等を理由として不利益な取扱いを行ってはならない旨を定め、周知・啓発する。

第 4 章

CSR（企業の社会的責任）
について知ろう

01 CSR（企業の社会的責任）

1．CSR（企業の社会的責任）の本質

　CSR とは「Corporate Social Responsibility」の略であり、社会的責任のことです。企業に求められている社会的責任とは、企業は社会の一員であることの自覚を持ち、よりよい社会を目指し、能動的に事業活動を通じ社会に貢献する責任のことです。

　すなわち自社の利益のみを追求するだけではなく、企業に求められるニーズを察知し、ステークホルダー（利害関係者：顧客、株主、従業員、地域社会及び社会全体）を視野に事業活動を実践していき、社会経済活動に貢献していくことで、企業の持続的発展を目指します。

　企業に求められる取組としては
　　　・商品・技術・サービスを通して社会の役に立つこと
　　　・事業を通して環境や地域社会に迷惑をかけないこと
　　　・コンプライアンス
　　　・社会に対する利益還元（慈善事業、ボランティア）
などがあげられます。また、コンプライアンス違反の代償は企業自らが負うことも CSR に含まれるでしょう。

　次に、CSR 活動の一環として、企業の持つノウハウを活かしたボランティア活動による支援を行っているトヨタ自動車株式会社の「**トヨタ災害復旧支援**」をご紹介します。

　トヨタ災害復旧支援：TDRS（Toyota Disaster Recovery Support）。2018 年 3 月から新しい社会貢献活動として自動車メーカーのリソーセスや、これまで培ったノウハウを活用した取り組みを始めました。避難形態「車中泊」などへの対応等を従業員ボランティアが被災地に出向いて実施するなど被災された方の気持ちに寄り添った支援をめざしていて、従業員支援ボランティアの社内育成と「車中泊」避難者用の**車内泊キット**のパッケージ化や使用に際しての支援などを行っています。

　その他の支援活動としては「被災地復旧に必要なボランティア支援・車両などをいち早く提供する仕組みづくり」と「被災地の集積所に滞留しがちな支援物資の仕分け・輸送などのノウハウ提供」など、トヨタの社内リソーセスを最大限生かした被災者・被災地支援の取り組みを行っています。

２．CSR（企業の社会的責任）の実践

（１）コンプライアンス違反への対処

　企業は今や社会の重要な構成員となっており、社会的責任を果たすことが課せられています。コンプライアンスは企業の持続的発展につながる重要課題ですからコンプライアンス違反に対してもマネージメントが不可欠となります。社会的制裁が企業存続の危機に与える影響を最小にするために、以下に述べるような危機に備えた管理体制の構築と維持継続を目指す必要があるでしょう。

危機管理体制の構築

① コンプライアンス違反の発覚
- ・遅滞なく初動開始

② 事実の正確な把握
- ・トップ主導の調査チーム結成
- ・事実関係調査

③ 公表
- ・外部発覚以前におこなう
- ・公表以前の発覚は隠ぺいと疑われるリスクが有るため注意

④ ステークホルダー等社会（世間）に謝罪
- ・マスコミ対策ではなく真摯に社会（世間）に対して行う

⑤ 詳細な事実説明
- ・事実関係をつまびらかにし、再発防止策とともに説明
- ・社会の信用を取り戻すために努力する姿勢を示す

⑥ コンプライアンス違反の関係者処分
- ・不適切な判断は更に企業イメージを下げるため、公正な立場の第三者委員会を設置して慎重な判断をする

⑦ 業務自粛と再開
- ・しっかりとした再発防止策ができて、社会（世間）へ説明ができる段階になってから行う

⑧ コンプライアンス違反防止策
- ・トップによる強い決意表明
- ・コンプライアンス体制の専門チーム設置
- ・各部署等において違反リスクを洗出し、それを基に社内ルールを策定、明文化する

⑨ 法令、社内ルールを含めた社会的ルールの周知徹底
- ・役員、従業員の社内教育
- ・法令及び関連資料をデータベース化し、従業員が誰でもすぐに活用できる仕組みを作る

しかし、何よりも企業に求められるのは不祥事を未然に防ぐことであり、コンプライアンス違反をしない体制作りです。企業は絶えず企業理念「何のために己の会社があるか」や経営方針「健全に持続的に成長するには」といった企業設立の原点に立ち返り、社会のために貢献することで利益を上げ、その利益をステークホルダーに還元し、さらにまた社会貢献と持続的な発展のための投資をする、このサイクルを継続していくことこそが企業の社会的責任といえます。

（2）業務とコンプライアンス

私たちが日常的に業務をする中で、気づかないままコンプライアンス違反をおこなう可能性があります。以下の事例で考えてみてください。

事例検討

事例9

公務員を食事に誘い費用を全額企業側が支払った場合。罪になるのか

また、公務員が友人であった場合はどうか

事例10

「みなし公務員」とはどのような人達のことをいうのか

また、「みなし公務員」に対して贈収賄は適用されるのか

事例11

民間企業者であれば接待してよいか

事例12

通勤途上の交通事故は労災の適用となるか、除外される場合があるか

---

02 企業の内部統制整備とコーポレートガバナンス

1．内部統制整備の義務化の背景

（1）続発した企業の不祥事

2001年10月、米国の多角的企業であったエンロン社による決算上の利益水増し計上が発覚しました。この不正経理・不正取引による巨額の粉飾決算は、「エンロン・ショック」とも呼ばれ、2001年12月に経営破綻しました。負債総額400億ドル超えといわれ、当時、米国市場最大の企業破綻となり世界の株式市場に大きな衝撃を与えました。

2002年にはKマート（小売業）、グローバル・クロッシング（海底ケーブル通信）、ウェイスト・マネイジメント（廃棄物処理、現在も存続）などの有力企業の不正会計が発覚、破綻しました。防止策として2002年7月に米企業改革法（SOX法）が成立しコーポレートガバナンス（企業統治）、インターナル・コントロール（内部統制）の概念が提唱されました。

アメリカのSOX法は、上場企業に対し当該企業から独立した取締役で構成する監査委員会の設置を義務づけ、監査法人の任命や報酬、監督に責任を負うほか、匿名の告発を処理するよう定めています。最高経営責任者（CEO）や最高財務責任者（CFO）は財務諸表の内容に責任を負い、不適切に財務諸表を修正させた場合にはボーナスの返還や故意に虚偽記載した場合には、最長20年の禁錮刑や500万ドル以下の罰金を科しています。

日本の状況
【証券取引法違反】

カネボウ株式会社：2005年6月、有価証券報告書の虚偽記載（粉飾決算）により上場廃止。
　その後主要事業は譲渡、他事業は精算等を経て2006年5月、カネボウ・トリニティ・ホールディングス株式会社として再出発。2007年3月、商標名を「Kanebo」から「Kracie（クラシエ）」に変更し、社名もクラシエホールディングス株式会社として現在に至っています。

株式会社ライブドア：2006年1月、社長の堀江貴文氏を含む財務担当取締役・関連会社社長ら4人が証券取引法違反（偽計取引、風説の流布）容疑で逮捕。
　2006年4月、上場廃止、2007年4月『株式会社ライブドアホールディングス』へ商号変更、2008年8月、『株式会社LDH』へ商号変更、2012年12月会社解散清算となりました。

西武鉄道株式会社：2004 年 4 月、有価証券報告書虚偽記載、株式名義偽装発覚。長年に渡たった有価証券報告書の虚偽記載が公表されることを知り、西武鉄道株を売却するインサイダー取引（内部者取引）を行いました。

※証券取引法は金融商品取引法に改正（2019 年 9 月施行）されました。

日本でも、このように粉飾決算や株式名義偽装の発覚が相次いだことから「内部統制報告制度（いわば日本版 SOX 法が金融商品取引法に基づいて導入され、上場企業経営者は社内の不正を防ぐ内部統制システム（管理体制）を構築することや、それが有効に運用されているかどうかを点検・評価した「内部統制報告書」を決算時に公表すること。また、「内部統制報告書」を、有価証券報告書と共に内閣総理大臣に提出することを定めました。

「内部統制報告書」は公認会計士または監査法人の監査を受ける必要があり、監査結果をまとめた「内部統制監査報告書」も合わせて決算時に公表しなければなりません。「内部統制報告書」などの公表した書類に虚偽記載があった場合には、経営者個人には懲役 5 年以下または 500 万円以下の罰金が科せられ、株主が損害を被った場合には企業は賠償責任を負います。

（2）企業の内部統制を求める新「会社法」の制定

まず、「会社法」についてみていきましょう。現在の会社法は平成 17 年 6 月 29 日に成立、平成 18 年 5 月 1 日から施行されました。これまで会社法は日本にはなく、「商法第二編 会社」、「株式会社の監査等に関する商法の特例に関する法律」（商法特例法）、「有限会社法」の 3 つの法律に拠っていました。これら 3 つの法律は会社法の中に取り込まれ、会社法の制定により平成 18 年 5 月 1 日廃止されました。
今般、新たに「会社法」が制定された目的は、時代の流れの中で会社法制度の現代化が必要になったためと言われています。

会社法制定の基本的なスタンス

① 法体系の整理

　商法、そして有限会社法、特例商法などの特別法など多岐にわたる法制度を会社法として一つの法律にする（近年、商法改正が毎年行われており整合性を図る必要がありました）。

② 条文のひらがなの口語体化

　明治時代に制定されたカタカナ文語体表記の商法を「現代語化」する。

③ 時代変化への対応

　経済のグローバル化、金融システムの変化、企業買収や再編の拡大化、雇用の流動化など企業や経済環境が大きく変化する中で、新たなニーズが幅広く出現して既存の法律では対応が難しくなったため、法体系を刷新して時代の大きな変化に対応する。

※ **会社法**（かいしゃほう、平成 17 年 7 月 26 日法律第 86 号、英語：Companies Act）とは、**会社の設立、組織、運営及び管理について定めた日本の法律。所管官庁は、法務省。**

事例 9 の解説

　仕事で食事代を企業に払ってもらうと接待になります。公務員を接待すると贈賄罪（刑法 198 条）になる恐れがあります。品物の有無は問いませんので、接待でゴルフに招待することも賄賂を贈ったことになります。

　その公務員が学生時代の友人で、事業の許認可権限がある場合はどうでしょうか。旧交を温めるのは構いませんが、友人同士の対等な付き合いであれば、割り勘にします。接待の形を取り企業が費用を支出すると、仕事上の便宜を図ってもらおうとしていると思われてしまいます。割り勘だったらよいかというと、超人気店で予約が難しいところに直前で予約が取れたり、何故か割引価格で良かったりするのは、差額が賄賂に当たると言われかねません。疑いをもたれないよう公務員を接待するのは止めましょう。

事例 10 の解説

　国家公務員法、地方公務員法上の公務員ではないが、公務員とみなされて、公務員に適用される刑法の規定の一部が適用される職員のこと。相手が公務員でなければ接待しても贈収賄にならないとは言い切れません。公務員は国や地方公共団体に雇用されている人ですが、国や地方議会の議員は特別職の公務員ですし、日本銀行や国立大学法人の職員も「みなし公務員」です。新しいところでは東京オリ・パラ組織委員会理事とスポンサーとの金銭授受について大きな問題となっています。みなし公務員の範囲は広いので見落とさないよう気を付ける必要があります。ただし、全てを注意する必要もありませんので、業務と関連性があり問題となりそうな、「みなし公務員要注意リスト」を作成しておきましょう。また、相手が公務員でもみなし公務員でない場合でも、コンプライアンスの観点からは注意が必要です。

事例 11 の解説

　企業側も法令違反にはならないとしても、接待や贈答についてはルールを決めておくのが良いでしょう。製薬会社の営業職である医薬情報担当者(MR)の過剰接待が問題視されたこともありましたが製薬会社 220 社で作る「医療用医薬品製造販売業公正取引協議会」が 2012 年 4 月に MR 等との会食は一人 5,000 円まで茶菓子や弁当代は一人 3,000 円までと上限を設けたり、接待ゴルフを禁止したりしました。今では過剰接待ではなく、ネットを利用した新薬説明動画等の無料サービス等を提供しています。

事例 12 の解説

　通勤途上の交通事故は業務中ではないので業務災害には当たらず、通勤災害として労働者災害補償保険法（労災保険法）による保証がされますが要件が定められていますので留意が必要です。会社に届け出た住居と就業場所間の合理的経路と方法による往復が対象です。地震や津波などの不可抗力な自然災害時は原則除外されます。経路の逸脱や中断も対象外です。電車での通勤手当として定期券代金を貰っておいて定期券を購入しないで自転車通勤をしていた場合は詐欺罪にあたると言えます。

　自転車やバイクでの通勤をそもそも認めていない場合もありますので会社ごとに定めてある合理的ルールを守ることで労災保険の対象となります。

株式会社・持分会社

COLUMN

「会社法」が定める会社にはどのような種類のものがあるのでしょうか。

① 株式会社

社員（出資者＝株主）ではなく取締役が会社経営を行います。これを「所有と経営の分離」と言います。オーナー会社では株主が取締役を兼ねている場合もありますのでその場合は社員が会社の経営もしていることになります。

株主平等の原則

次に株式について簡単に述べます。株式とは株式会社の出資者としての地位や権利（社員権）を言います。会社法では「株式会社は、株主を、その有する株式の内容及び数に応じて平等に取り扱わなければならない」と規定されています。

株式譲渡自由の原則

株主はその有する株式を原則自由に譲渡でき、その保有する株式の範囲内での「間接有限責任」を負います。

会社の債権者は会社の財産のみに対して債権の履行請求ができ、株主個人に対しての請求権はありません。

株式会社の組織

株式会社には株主総会や取締役会があり、役員としては取締役、監査役、会計監査人等、様々な機関や組織があり、それぞれの企業の実態に応じた必要な機関や組織で構成されます。

② 持分会社（合名会社・合資会社・合同会社）

持分会社では原則として社員（出資者）全員の同意によって業務がなされます。

合名会社

出資者を無限責任社員といいます。会社が破産などした場合は債権者に対して債務が消滅するまで弁済責任があるため、出資者全員が会社の業務を執行する代表者になります。

合資会社

合資会社には無限責任社員と有限責任社員があり、合名会社と比べると会社の所有と経営の分離が進んでいます。無限責任社員は、中心となって会社を興した人がなり、合名会社と同じく無限責任を負い、会社の業務を執行します。

有限責任社員は、スポンサーとして資金提供をする人で、自分が出資した金額以上の責任は負う必要はありません。

合同会社

合同会社は、全員が有限責任社員です。そのため会社が破産などをしても社員は自分が出資した金額の範囲内で責任をとればよく、出資者全員が会社を代表して業務を執行しますが、社員が複数いる場合には、株式会社と同様に定款で代表者を定めることができます。株式会社に限りなく近くさらに会社の設立費用も安く済むので、最近増えている会社形態です。

※一般的には「社員」はその会社で働く者「従業員」のことを言いますが会社法では出資者のことを意味します

2．内部統制・内部統制システムとは

　企業不祥事の続発を受け 2006 年 5 月に会社法が施行され「内部統制整備の義務化」（大企業のみ）により次のことが求められています。

　　・従業員の違法行為によるリスク管理を担当取締役が行う

　　・取締役（会社の経営者）自身が法令や定款を守る

この 2 項目は「会社法（362 条 4 項 6 号）」に、「取締役の職務の執行が法令及び定款に適合することを確保するための体制その他株式会社の業務の適正を確保するために必要なものとして法務省令で定める体制の整備」と定義されていることから、会社の**取締役が法令**、倫理規範、定款に照らし**業務執行の適正を確保**して、利害関係者（ステークホルダー）や会社経営への**損害発生を未然に防止**することを目的として、繰り返されてきたコンプライアンス違反を防ぐための制度を自らが構築することを義務づけています。

　内部統制システムは、会社を適正に活動させるための「社内の」仕組みと言えます。

　例えば、 財務報告の信頼性を確保すること、従業員が事業活動においてコンプライアンス上のリスクを回避していること、資産を保全していることなどを目的にしています。

　また、「改正会社法」(2019 年 12 月 11 日公布、施行日 2021 年 3 月 1 日)で強化を求めるコーポレートガバナンス(企業統治)は「企業内の不正を防ぐ」、「企業が効率的に業務遂行する」ための仕組みです。企業自身に広く法令等を遵守させるための統治体制作りといえます。

　企業(組織)に求められる主体的な内部統制システムの構築のポイントとして以下の点があげられます。

　　・コンプライアンスの基本方針とコンプライアンス・マニュアル（行動規範集）の作成

　　・コンプライアンスについて役員・社員が学べる体制

　　・企業総力でコンプライアンスを守る体制

　　・報復等を恐れず通報(相談窓口)できる体制

　　・構築した各システムの周知

　　○コンプライアンス・マニュアル(行動規範集)作成について

　　　・企業トップによるコンプライアンスへの決意表明

　　　・リスクの把握とリスクコントロール

　　　・若手、中堅社員を中心とした作業グループの起用

　　　・マニュアルの活用目的、照会先、違反した場合の罰則記載

　　○目指す効果について

　　　・企業文化の変革

　　　・透明・公正・迅速・果断な意思決定

　　　・企業の持続的な成長や企業価値の向上

　　　・ステークホルダーのみならず、経済全体の発展に寄与

4

CSR（企業の社会的責任）について知ろう

03 内部通報制度（公益通報制度）の意義

1．内部通報制度（公益通報制度）とは

（1）内部通報制度（公益通報制度）

　コンプライアンス違反によるリコールや虚偽表示などの企業不祥事は、事業者の内部からの通報により明らかになる場合が多く、公益のために通報を行った労働者を保護するためのルールとして「公益通報者保護法」（2004 年 6 月公布、2006 年 4 月施行）が設けられ、それを踏まえて「公益通報者保護制度」が整備されました。

　では、「公益通報」とはどのような通報を言うのでしょうか。「公益通報者保護法」では、誰が、どのような事実について、どこに通報するか、など一定の要件を満たすものが公益通報とされ保護の対象になるとされています。

（2）公益通報について

①　通報者は労働者であること。正社員や公務員、派遣労働者、アルバイト、パートタイマーのほか、取引先の社員・アルバイト等も含まれます。

②　通報する内容（通報対象事実）は特定の法律に違反する犯罪行為などであること。
　2019 年 7 月 1 日現在では 470 の法律に規定される犯罪行為が対象となっています。
　（例）刑法、食品衛生法、金融商品取引法、JAS 法、大気汚染防止法、廃棄物処理法、個人情報保護法など。

③　通報先としては次の 3 つから選択することが出来ます。
・1 号通報：事業者（企業）内部の公益通報に関する相談窓口や担当者、あるいは事業者が契約する法律事務所などです。また、管理職や上司も通報先になります。
・2 号通報：通報された事実について、勧告、命令できる行政機関が通報先になります。そのため、通報対象事実（特定の法律に違反する犯罪行為）に関連する行政機関ですが、もし通報しようとした行政機関が適切でなかった場合は、その行政機関は適切な通報先を通報者に紹介することになっています。
・3 号通報：その他の通報先として報道機関や消費者団体、労働組合などで、そこへの通報が被害の発生や拡大を予防するために必要であると認められるところです。

④　通報者の保護の内容

　　　公益通報をしたことを理由とした次のような不利益からの保護を定めています。

　　　・解雇の無効(法第 3 条)

　　　・派遣契約の解除の無効(法第 4 条)

　　　・不利益な取扱いの禁止(法第 5 条)

　　　　(例)降格、減給、退職金の減額・没収、給与上の差別、訓告、自宅待機命令、
　　　　退職の強要、専ら雑務に従事させること　など

⑤　その他、公益通報の要件として「真実相当性」、「不正の目的」でないこと

　　　※また、通報者には、情報管理も含めて他人の正当な利益または公共の利益を害す
　　　ることのないよう努めることが求められています(法第 8 条)。

2. 内部通報制度(公益通報制度)の意義

(1) 内部通報制度導入の意義

　公益通報者保護法は、規模や営利、非営利を問わず全ての事業者(企業)に適用されるため、事業者はこの法律により、「内部通報制度」の仕組みを整備し、適切に運用することが求められます。具体的には、通報窓口を設置したり、内部規程を整備・運用したりすることなどです。

事業者自身が内部通報制度を整備し、内部通報者を保護することで、問題の早期発見と被害の発生・拡大の防止へと繋がっていきます。

問題の早期発見と被害の発生・拡大の防止

　組織内の一部関係者のみが情報を持っているような違法行為などは、なかなか発見しにくいのですが、多くは、関係者からの通報により発覚するようです。内部通報制度により、問題が拡大する前に発見・解決して、組織の自浄作用を高めることができます。

　消費者庁は 2016 年 12 月にガイドライン(「公益通報者保護法を踏まえた内部通報制度の整備・運用に関する民間事業者向けガイドライン」)の見直し・拡充を行い、次の 4 つの視点による事業者の自主的な取り組みを促しています。

（①通報者の視点　②経営者の視点　③中小事業者の視点　④国民・消費者の視点）

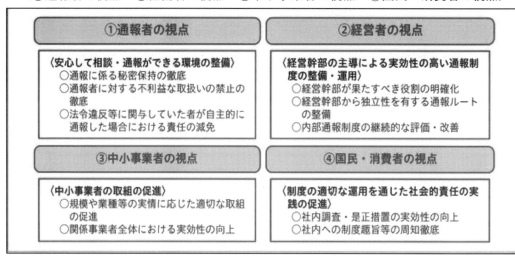

図4-1：改正民間事業者向けガイドラインにおける4つの視点

（2）内部通報制度導入の効果

①違法行為の抑止と自浄作用の向上

　消費者庁の調査によると内部通報の導入の効果として、不正発見の端緒となっており、違法行為抑止や自浄作用の向上を挙げる企業が多く、内部通報制度が、組織の自浄作用を高め、コンプライアンス経営を促進していくための重要なツールとなっています。

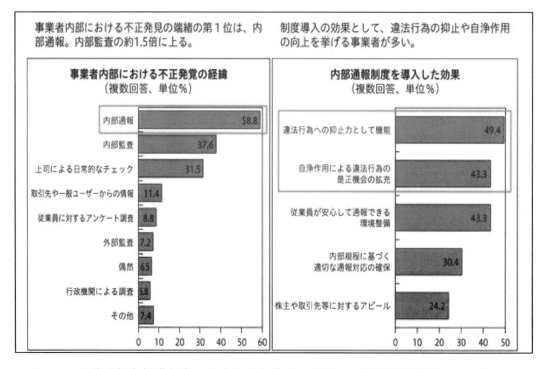

図4-2：公益通報者保護制度に関する調査結果の概要（内部通報制度導入の効果）

②リスクの抑制と企業価値の向上

　違法行為の発見の遅れにより、事業者（企業）の処罰や行政措置などによる損失や、被害の補償コスト拡大、消費者や取引先の信頼失墜や従業員の意欲の阻害などが起こります。

　リスクを最小限に抑えるために、内部通報制度を整備し運用することで、事業者（企業）のリスクを減らすことができます。

　また、そうして経営上のリスクを抑えることで、ステークホルダーからの信頼を高め、企業価値の向上につなげることができます。

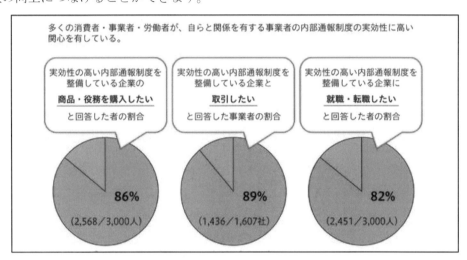

図 4-3 : 内部通報制度の実効性に対する利害関係者の関心度

　図 4-3 によると消費者・事業者・労働者が、自らと関係を有する事業者の内部通報制度の実効性に高い関心を持っており、「通報制度を整備している会社の商品・役務を購入したい」、「通報制度を整備している企業と取引したい」、「通報制度を整備している会社に就職・転職したい」のすべてが 8 割以上の回答を占めています。

　一方、同調査では勤務先の不正についての最初の通報先を、勤務先以外の行政機関や報道機関とする従業員が回答中の 47％を占めており、主な理由としては「通報しても十分対応してくれない」「不利益な取り扱いを受ける恐れがある」「受付窓口がない」などがあげられています。

　これらのことから、従業員の信頼度をより高めることなど、安心感を持って機能する「公益通報保護制度」として、一層の充実が求められるところです。

※出典: 図 4-1「民間事業者における内部通報制度の実態調査」（2016 年度消費者庁）、および図表 4-2〜3「労働者における公益通報者保護制度に関する意識等のインターネット調査」（2016 年度消費者庁）

　【消費者庁ウェブサイト】

　https://www.caa.go.jp/policies/policy/consumer_research/white_paper/2017/white_paper_223.html#zuhyo-2-1-5-11)

第 5 章

「個人情報保護法」遵守は企業活動の基本事項

01 個人情報保護法とは

1. 個人情報保護法とコンプライアンス

（1）個人情報保護法の理解

　2004年4月に内閣府から発行された「個人情報の保護に関する基本方針」が公表されました。この資料では、個人情報保護法を制定するに至った背景や、個人情報保護に関する基本的な事項が示されています。すでに国際社会においては1980年代から個人情報保護に関するさまざまな取り組みがされており、OECD（Organisation for Economic Cooperation and Development：経済協力開発機構）によって「OECDプライバシーガイドライン」が公開されました。これを受け、国内でも個人情報保護に関する取り組みが始まり、1997年に経済産業省から民間企業に向けて公開された「個人情報保護ガイドライン民間部門における電子計算機処理に係る個人情報の保護に関するガイドライン」、1999年には「JIS Q 15001：個人情報保護に関するコンプライアンス・プログラムの要求事項」が制定されました。これらの経過を経ながら、個人情報を取り扱う事業者には、事業活動で利用する個人情報を適切に管理することが義務付けられる「個人情報保護法」が制定されることになっていきます。

個人情報保護法：「個人情報保護に関する法律」2003年5月成立（一部同日施行）2005年4月全面施行。その後3年ごとに検討が行われ必要があれば改正されます。2020年6月に改正され公布されました（施行は2年以内とされています）。

　個人情報保護法でいう**「個人情報」**とは、生存する個人に関する情報（パーソナルデータ）のうち、特定の個人を識別できる情報のことです。一方、プライバシーとは、私生活や私事、個人の秘密のような他人にみだりに知られたくない情報のことで、個人情報＝プライバシーではありません（政府広報オンライン）。

　「個人情報保護法」は、**「個人情報」**の適正な取扱いにより、プライバシーを含む**個人の権利利益**の**保護**を図るものです。

　個人情報取扱事業者は、「個人情報を取り扱うにあたって、利用目的をできる限り特定しなければならない」（個人情報保護法第15条第1項）とされています。特定した利用目的は、あらかじめ公表しておくか、個人情報を取得する際に本人に「書面による明示」あるいはインターネットのサイト上で明示をします。「個人情報取扱事業者は、個人データの安全管理のために必要かつ適切な措置を講じなければならない」（個人情報保護法第20条）とあるように取得した個人情報は自社だけではなく、委託先も安全管理を徹底する必要があります。第19条では「できるだけ個人データを正確かつ最新の内容に保つ」ことを求めています。

個人情報保護法の改正

　2015 年 9 月に改正法が公布され、2017 年 5 月 30 日から全面施行されましたが、情報通信技術の発展や事業活動のグローバル化等の急速な環境変化等を踏まえた改正となりました。

　改正前の個人情報保護法では、5,000 人以下の個人情報を有しない中小企業・小規模事業者は適用対象外となっていましたが、法改正によりこの規定は廃止され、個人情報を取り扱う「すべての事業者」に個人情報保護法が適用されることとなりました。 取り扱う個人情報の数にかかわらず、紙やデータで名簿を管理している事業者は、すべて「個人情報取扱事業者」となります。

　「事業者」には、法人のみではなく、例えばマンションの管理組合、NPO 法人、自治会や同窓会などの非営利組織も含まれます。小規模の事業者の事業が円滑に行われるように配慮することとされており、安全管理措置については、従業員の数が 100 人以下の中小規模事業者（一部の事業者を除く）に対しては、特例的な対応方法が示されています。

主な改正内容

- ・「個人情報」の保護の強化（名簿の不正取得等対策）、不正な利益を図る目的による個人情報データベース提供罪の新設
- ・5,001 人以上の個人（データ）情報利用事業者からすべての個人情報利用事業者に変更。マイナンバー制度を見据え 5,000 人以下でも全て保護の対象となりました。
- ・「匿名加工情報」の活用、特定の個人を識別できないように加工したデータで当該個人情報を復元できないようにした情報であり、一定のルールのもとで活用できる。

「匿名加工情報」

　例えば、最近の自動車の中には、カーナビゲーションシステムなどを通じて情報通信ネットワークにつながるものが多数あります。そうした自動車が走行している位置情報と窓のワイパーの動きに関するデータを集め、運転者個人を特定せずに加工・分析することで、ゲリラ豪雨など局地的な天候の変化をリアルタイムで把握することが可能となっています。

　また、スマートフォンの位置情報から東京駅や新宿駅等での人の移動についても把握できますし、個人情報を匿名加工し活用ができれば、私たちの生活に有用な情報の期待できます。また、人の移動については、基地局との通信とＧＰＳ、スマホの位置情報 2 種類が利用されているようです。

（２）マイナンバー法（番号法）

　「行政手続における特定の個人を識別するための番号の利用等に関する法律」：2013 年 5 月公布、2015 年 10 月施行。国民及び法人に個人番号、法人番号を割り当て、その利用等に関して必要な事項を規定した法律です。

　総務省 HP によると「マイナンバー制度は行政の効率化、国民の利便性の向上、公平・公正

な社会の実現のための社会基盤です」と掲載されていますが、今現在は社会保障と国税の関係で使用されるほか、コンビニで住民票や印鑑証明書が入手でき、後は身分証明書代わりになるといった利用に留まっているようです。コロナ禍での特別定額給付金（1人当たり10万円）を総務大臣がマイナンバーカードでの電子申請を行うよう広報しましたが、結局マイナンバーカードは行政機関での連携に乏しくアナログ処理をせざるを得なくなったことは記憶に新しいところです。同じく総務省のHPによると2020年3月1日現在では、マイナンバーカードの普及率は全国で15.5%、総務大臣の広報後の2020年6月1日では17%となりました。

事業者向けマイナンバーの管理

　政府個人情報保護委員会による「特定個人情報の適正な取り扱いに関するガイドライン」（2020年5月改正）の安全管理措置の違反行為については、行為者のみではなく事業者にも罰則が定められており、番号法と個人情報保護法等違反の適用を受けるなど厳しい内容となっています。

　事業者は特定個人情報（マイナンバーカード情報）に対する保護措置の重要性について十分な認識を持って適切な運営管理を行うことが重要であるとしています。

　その上で、事業者は、関係法令やガイドライン等に従い、特定個人情報（従業員及び関係者含む）の適正な取扱いを確保するための具体的な方策の検討と実践をするとともに、業務の実態、技術の進歩等を踏まえ、点検・見直しを継続的に行う体制を主体的に構築することが重要であると言っています（「特定個人情報の適正な取り扱いに関するガイドライン」参照）。

2.「個人情報」に関する理解度小テスト

次の各文の内容が適切な場合は○を不適切な場合には×を（　）内に記入してください。

1	顧客情報に限らず、アルバイト学生の情報も個人情報となる。	（　）
2	名刺は個人情報とはならない。	（　）
3	個人情報とプライバシー情報は同じである。	（　）
4	アルバイトは個人情報を守る義務はなく、雇用者が守ればよい。	（　）
5	個人情報を本人から取得するなら、あらかじめ使用目的を明示しなくてもよい。	（　）
6	事業者は保有する個人データは更新してはならない。	（　）
7	事業者は作成した個人情報は公表しなければならない。	（　）
8	「すべての事業者」には個人事業者は含まれない。	（　）
9	匿名加工情報は、自分が情報の提供者であれば個人情報を復元できる。	（　）
10	数名が記載してある手書きの顧客名簿は個人情報保護法の個人情報にはならない。	（　）

※解答は 79 ページを参照

02 情報流出リスクと コンプライアンス

1．デジタル情報の流出

（1）個人情報の流出

　2014 年 7 月、通信教育・出版事業の株式会社ベネッセコーポレーション（以下「ベネッセ」と表記）の 3,504 万件の膨大な顧客情報が不正に持ち出されていたことが発覚しました。

　同社がシステムの保守を委託していた会社の「派遣従業員である元 SE」（以下「SE」と表記）が、データを持ち出し、名簿業者に売却していたものでした。流出した顧客情報は通信教育サービスのデータで、子供や保護者の氏名・住所・電話番号・性別・生年月日・出産予定日（一部の顧客）・メールアドレス（一部の顧客）などの個人情報が含まれていました。

　SE の男性により名簿業者への売却を目的に約 20 回の持ち出しが行われました。この SE が持ち出した個人情報は、重複分も含めると約 2 億 300 万件にも上ります。名簿業者へ売却された個人情報は、数回の転売を経て、ジャストシステムや ECC、全国の学習塾、予備校、着物販売店等数十社に渡り、ベネッセ会員へ各社のダイレクトメールが届くという結果をもたらしました。

　ベネッセがシステムの保守を委託していたグループ会社は、さらに複数の外部業者に再委託していて、再委託先の SE が逮捕されました。この SE は「不正競争防止法」と「個人情報保護法」の 2 つの罪を問われましたが、結局警察と検察は「不正競争防止法」における「営業秘密の複製」の罪を SE に適用しました。

　2014 年当時の法制度では、顧客データという実体のない無体物の窃盗について罪に問うのは容易ではなく、CD-ROM など有体物を通じて漏洩させたのであれば窃盗罪を適用できるが、私物のスマホにデータをコピーしただけでは窃盗罪を適用できませんでした。

　SE は東京高裁により 2 年 6 か月の実刑判決と罰金 300 万円の判決が下され、確定しましたが、ベネッセは事業に必要な顧客情報を不正に取得された「不正競争防止法」上の、被害者になりました。通信教育事業を業務としているベネッセにとって顧客情報は重要な「営業秘密」として判断されたのです。

「営業秘密」3 要件
　①顧客情報を秘密として管理されていること（秘密管理性）
　②事業活動に必要な営業上の情報であること（有用性）
　③公然と知られていないこと（非行知性）

（２）個人情報取扱事業者の責務

　ベネッセは、被害者でもありましたが、個人情報保護法上、責任は免れ得ません。なぜなら、再委託先からの情報流出とはいえ、委託元は委託先に対し「**個人データの安全管理を図るため必要かつ適切な監督を行う**」と個人情報保護法第22条に規定されているからです。

　ベネッセの場合は「個人情報の保護に関する法律についてのガイドライン」（以下「ガイドライン」と表記）に従い適切な監督をしていたとされたため、経済産業省は当時のガイドラインが不十分だとして見直しを求め、委託先業者への「個人データ」の監督責任を強化しました。また、このベネッセの事件は個人情報保護法の改正にも大きな影響を与え、いわゆる**名簿屋対策**として個人情報保護の強化と罰則規定（個人情報データベース等不正提供罪）が新設されました。

　次に「ガイドライン」による委託先に対し必要かつ適切な監督を行っていない事例をあげますので、参考にして、個人情報取扱事業者には何が求められているのか考えていきましょう。

【委託を受けた者に対して必要かつ適切な監督を行っていない事例】（ガイドライン通則編）

事例 ①　個人データの安全管理措置の状況を契約締結時及びそれ以後も適宜把握せず外部の事業者に委託した結果、委託先が個人データを漏えいした

事例 ②　個人データの取扱いに関して必要な安全管理措置の内容を委託先に指示しなかった結果、委託先が個人データを漏えいした

事例 ③　再委託の条件に関する指示を委託先に行わず、かつ委託先の個人データの取扱状況の確認を怠り、委託先が個人データの処理を再委託した結果、当該再委託先が個人データを漏えいした

事例 ④　契約の中に、委託元は委託先による再委託の実施状況を把握することが盛り込まれているにもかかわらず、委託先に対して再委託に関する報告を求めるなどの必要な措置を行わず、委託元の認知しない再委託が行われた結果、当該再委託先が個人データを漏えいした

ガイドライン通則では<u>適切な委託先</u>の選定として、次の３項目を求めています。

・適切な委託先の選定

・委託契約の締結

・委託先における個人データ取扱状況の把握

　また、委託先が再委託をする場合は、「委託を行う場合と同様、委託元は、委託先が再委託する相手方、再委託する業務内容、再委託先の個人データの取扱方法等について、委託先から事前報告を受け又は承認を行うこと、及び委託先を通じて又は必要に応じて自らが、定期的に監査を実施すること等により、委託先が再委託先に対して本条の委託先の監督を適切に果たすこと、及び再委託先が法第20条に基づく安全管理措置を講ずることを十分に確認することが望ましい（※再委託先が再々委託を行う場合以降も、再委託を行う場合と同様である）。」と再委託の場合の留意事項も記載されています。

２．デジタル情報の流出防止対策と課題

（１）デジタル情報の大量流失を防ぐ

　経済産業省では、「個人情報の保護に関する法律についての経済産業分野を対象とするガイドライン」（以下、「経済ガイドライン」と表記）を公表しています。最新の改定では、ベネッセからの個人情報の大量流出事件を受けて、委託先への監督責任の強化がポイントとなっています。個人データを安全に管理し、従業員や委託先も監督しなければならない「安全管理措置」についてガイドラインを参照しながら見ていきます。

個人情報保護法における【安全管理措置】（第 20 条）

　第 20 条には「情報取扱事業者は、その取り扱う個人データの漏えい、滅失又はき損の防止その他の個人データの安全管理のために必要かつ適切な措置を講じなければならない。」と定めています。

　ガイドラインの【解説】によりますと「安全管理のために必要かつ適切な措置」とは、組織的、人的、物理的及び技術的な安全管理措置をいい、
　・本人の個人データが漏えい、滅失又は毀損等をした場合に本人が被る権利利益の侵害の大きさを考慮すること。
　・事業の性質及び個人データの取扱い状況等に起因するリスクに応じ、個人データを記録した媒体の性質に応じた安全管理措置を講じること。
としています。

（２）安全管理のための必要かつ適切な措置

　ガイドラインでは、安全管理のために必要かつ適切な措置について「組織的安全管理措置」「人的安全管理措置」「物理的安全管理措置」「技術的安全管理措置」の 4 項目を備えることとしています。
　4 項目の安全管理措置について、ガイドラインでは次のように定義しています。

①「組織的安全管理措置」

　安全管理について従業者の責任と権限を明確に定め、安全管理に対する規程や手順書を整備運用し、その実施状況を確認すること。

②「人的安全管理措置」

　従業者に対する、業務上秘密と指定された個人データの非開示契約の締結や教育・訓練等を行うこと。

③「物理的安全管理措置」

　入退館（室）の管理、個人データの盗難の防止等の措置。

④「技術的安全管理措置」

　個人データ及びそれを取り扱う情報システムへのアクセス制御、不正ソフトウェア対策、

情報システムの監視等、個人データに対する技術的な安全管理措置。

> ※　従業者：個人情報取扱事業者の組織に所属しており、事業者の指揮監督を受けて事業者の業務に従事している人のことです。従業員（正社員、契約社員、嘱託社員、パート社員、アルバイト社員等）及び取締役、執行役、理事、監査役、監事、派遣社員なども含まれます。

　以上ガイドラインに沿って「安全管理措置」について言及してきましたが、上記①～④について、ガイドラインにはさらに詳細に記述がありますので、実際に各事業所で対策を具体化する折にはガイドラインに従い作成されることをお勧めします。

　「個人情報保護法」は個人情報をデータベース化して事業活動に利用しているすべての事業者が対象となります。企業にとっての「個人情報」の価値は計り知れませんし、その「価値ある個人情報が流出した場合の企業ダメージも同様です。ベネッセは未だに個人情報流出のダメージが払しょくできておらず、漏えいした情報をもとに現在も行われている勧誘や営業に対する抑止活動を地道に続けています。

　ベネッセは事件後、情報セキュリティ対策に一層力を入れており「お客様情報の安全性に、いちばん厳しい会社になる。」を掲げ、高水準のセキュリティレベルの実現、全従業員（役員からアルバイトスタッフまで）に情報セキュリティ WEB 講習を実施、情報セキュリティマネジメントシステムに関する国際認証規格 ISO 27001 の認証取得と、今もなお続く"情報漏えい企業"のイメージを乗り越えるべく努力を続けています。

　大変残念な事件ではありましたが、どの企業でも情報流出は起こる可能性はありますので、この事件は「企業の情報」を守る体制作りの参考になるのではないでしょうか。

（3）「個人情報」の管理と課題
個人情報の適正取得

　個人情報を取得する場合、個人情報の利用目的をあらかじめ定めたうえで、その利用目的の範囲内で情報を取扱うことが必要です。利用目的を変更する場合は、変更前の利用目的と関連性を有すると合理的に認められる範囲で行わなければなりません。

　また、個人情報は適正な手段により取得することが必要であり、不正な手段によって個人情報を取得してはいけません。特に、要配慮個人情報を取得する場合は、原則として本人の同意を得ることが必要です。

　※要配慮個人情報：人種、信条、社会的身分、病歴、前科・前歴、犯罪被害情報、その他本人に対する不当な差別、偏見が生じないように特に配慮を要するものとして政令で定めるものに対し、個人情報を取得する場合です。

個人情報の保管・管理

　個人情報を体系的にまとめた個人データは適切に安全管理措置を実施することが必要です。個人データへのアクセスをパスワード設定により制限するなどの技術的措置を講じるとともに、従業員や委託先が適切に個人データを取り扱うよう「個人情報取扱事業者」は、しっかりと監督を行いましょう。

組織的安全管理措置

　安全管理について従業者の責任と権限を明確に定め、安全管理に対する規程や手順書を整備・運用し、その実施状況を確認することをいいます。　安全管理措置を講じるための組織体制の整備、安全管理措置を定める規程等の整備と規程等に従った運用が求められます。

個人情報の第三者提供の制限

　個人情報を第三者に提供する場合は、原則として本人から同意を得なければなりません。同意を得るにあたっては、本人が判断を行うために必要と考えられる合理的で適切な手段を用いることが必要であり、強制的に同意をさせたり、本人が気付かぬうちに同意書にサインをさせたりすることは認められません。

　また、第三者から個人情報を受領する場合は、提供者の氏名のほか、データの取得経緯を確認し、記録・保存することが必要です。反対に、第三者に個人情報を提供した場合も、受領者の氏名等を記録し、一定期間保存しなければなりません。

03 知的財産権と コンプライアンス

1. 知的財産権とは

（1）著作権侵害

　2001 年、米国のアップルコンピュータ（現アップル）、アドビシステム、マイクロソフト 3 社は大手司法試験予備校を経営する株式会社東京リーガルマインド（以下「LEC」と表記）に対し、社内で組織的にソフトウェアの不正コピーを行っていたとする著作権侵害を理由とした、1 億 1,400 万円の損害賠償を求める民事訴訟を起こしました。結果は今後社内コンプライアンスを徹底することなどを内容とした和解が東京高裁で成立しました。

　LEC は社内ソフト管理部門において組織的に不正コピーを行なうだけでなく、アドビシステムのソフトに関しては「Incongnito（ネット内のシリアル No 検索を停止させるソフト）」をインストールすることでネットワークプロテクトを解除していたといいます。コピーされたソフトは 3 社合わせて 11 製品が上がっています。1998 年内部告発により発覚、1999 年 5 月に LEC の高田馬場西校において東京地方裁判所の証拠保全手続きが行なわれました。ここでは 219 台あるパソコンのうち 136 台が検証され、不正コピー数は合計で 545 判明しました。アドビシステムは「LEC は司法試験の受験指導を行ない、自身の制作した教材に対する著作権侵害は訴訟を起こしているにもかかわらず、それらの教材を制作するソフトは不正にコピーしている。遺憾と言うよりはあきれている」とコメントした。また、一般社団法人コンピュータソフトウェア著作権協会（ACCS）の久保田裕専務理事は「訴状の内容によると、刑事事件として告訴されてもおかしくないほど悪質なものである」とコメントした。

　本件は、会社ぐるみの組織的行為とされましたが、職場内で同僚からソフトウェアをコピーさせてもらう行為も、コンプライアンス（著作権法）違反行為なのです。

　著作権法違反は、犯罪行為であり、刑事告訴されれば、個人では 10 年以下の懲役もしくは 1,000 万円以下の罰金又はその併科を、法人では 3 億円の罰金を受ける可能性があります。
　ソフトウェアは著作権を購入するのではなく「使用許諾契約」ですから、許諾を得た台数へのコピーができる契約です。当然にそのことを承知したうえでソフトをコピーしていた LEC の行為はコンプライアンスに大いに反する所業であるでしょう。このように、今は他者の知的財産権を侵害しないようにするコンプライアンスの視点から、知的財産権のリスク管理を考えねばなりません。損害賠償といった大きな代償を払うことにもなり兼ねないからです。

（2）知的財産と知的財産権

　人間の知的創造活動によって生み出されたアイデアや創作物などを、創作した人の財産として保護するための制度を総称して「知的財産」と呼びます。

　知的財産の中には特許権や実用新案権など法律で規定された権利や法律上保護される利益に係る権利として保護されるものがあります。

　「知的財産」及び「知的財産権」は、「知的財産基本法」（2002 年制定、2015 年 9 月最新改正、2016 年 4 月施行）により以下のように定義されています。

「知的財産基本法」

○この法律で「**知的財産**」とは、発明、考案、植物の新品種、意匠、著作物その他の人間の創造的活動により生み出されるもの（発見又は解明がされた自然の法則又は現象であって、産業上の利用可能性があるものを含む）、商標、商号その他事業活動に用いられる商品又は役務を表示するもの及び営業秘密その他の事業活動に有用な技術上又は営業上の情報をいう。

○この法律で「**知的財産権**」とは、特許権、実用新案権、育成者権、意匠権、著作権、商標権その他の知的財産に関して法令により定められた権利又は法律上保護される利益に係る権利をいう。

知的財産の種類

① 知的創造物の権利と保護

権利の種類（根拠法）		保護内容	保護期間
【産業財産権】	特許権（特許法）	発明	出願から 20 年 （一部 25 年に延長）
	実用新案（実用新案法）	物品の形状等の考案	出願から 10 年
	意匠権（意匠法）	物品、建築物、画像のデザイン	出願から 25 年
【その他の権利】	著作権（著作権法）	文芸、学術、芸術、音楽、プログラム等の精神的作品	死後 70 年、法人や映画は公表後 70 年
	回路配置利用権 （半導体集積回路の回路配置に関する法律）	半導体集積回路配置の利用	登録から 10 年
	育成者権（種苗法）	植物の新品種	登録から 25 年 （樹木 30 年）
	＜技術上、営業上の情報＞ 営業秘密（不正競争防止法）	ノウハウや顧客リストの盗用など不正競争防止行為を規制	

② 営業上の標識権利と保護

	権利の種類（根拠法）	保護内容	保護期間
【産業財産権】	商標権（商標法）	商品・サービスに使用するマーク	登録から10年（更新あり）
【その他の権利】	商号(商法)	商号	
	商品等表示 （不正競争防止法）	周知・著名な商標等の不正使用規制	
	地理的表示(GI) （特定農林水産物の名称の保護に関する法律）	品質、社会的評価、その他の確立した特性が産地と結びついている産品の名称	
	地理的表示(GI) （酒税の保全及び酒類業組合等に関する法律）		

※産業財産権は特許庁所管

2．知的財産権の事例検討

（1）知的財産権侵害について

技術上、営業上の情報流出

　2015年日産自動車の元社員（52歳男性）が会社の秘密情報を持ち出したとして、不正競争防止法違反（営業秘密の領得）の疑いで神奈川県警が逮捕したと、2月15日の朝刊の社会面で神奈川新聞始め各紙が報じました。記事によると、容疑者は2013年12月〜14年2月、日産本社のサーバーからモーターショーの企画書などの秘密情報8件、約1万8,000件の文書と画像ファイルを自分のハードディスクに複製し不正にコピーして持ち出していたというものです。容疑者の元社員は2014年1月末に転職のために退職届を提出したが、その後の社内調査で不正が発覚、4月には懲戒解雇され、解雇後は中国・河北省の自動車メーカー「長城汽車」に再就職していました。

「秘密情報」の漏えいを防ぐ

　経済産業省は「秘密情報の保護ハンドブック」（平成28年2月）により、企業がもつ様々な営業情報や技術情報を漏えいから守るための取組を提唱しています。営業秘密をはじめとする秘密情報の保護は、自社の競争力強化や秘密情報の漏えいにより失う経済的な損失や社会的信用の失墜といった大きな損失から企業を守るために欠かせないものです。不正競争防

止法により営業秘密として法的保護を受けるためにも、事業者は「秘密情報の保護ハンドブック」の「営業秘密管理指針」を参照して、情報漏えい防止に取り組みましょう。

（２）知的財産権の事例検討

事例 13

　個人的に購入した本に会社で利用できる情報が載っていたので、プロジェクトメンバー全員にコピーをとり配布した。コンプライアンス違反になるか。

　また、コンプライアンス違反ならば、どんな法律等に違反するか。

事例 14

　昔から応援している有名アイドルがいます。

　携帯電話の待受けにもアイドルとイベント会場で撮った写真を使用しています。会社のHPにその写真を掲載したいのですが、同僚が納得しません。携帯で撮った写真は自分のものなので掲載可能だと思いますがどうでしょうか。

1	顧客情報に限らず、アルバイト学生の情報も個人情報となる。	(○)
2	名刺は個人情報とはならない。	(×)
3	個人情報とプライバシー情報は同じである。	(×)
4	アルバイトは個人情報を守る義務はなく、雇用者が守ればよい。	(×)
5	個人情報を本人から取得するなら、あらかじめ使用目的を明示しなくてもよい。	(×)
6	事業者は保有する個人データは更新してはならない。	(×)
7	事業者は作成した個人情報は公表しなければならない。	(×)
8	「すべての事業者」には個人事業者は含まれない。	(×)
9	匿名加工情報は、自分が情報の提供者であれば個人情報を復元できる。	(×)
10	数名が記載してある手書きの顧客名簿は個人情報保護法の個人情報にはならない。	(×)

事例 13 の解説

　著作物をコピーして皆で使用するのは著作権侵害になると考えておくのが妥当です。個人の費用でコピーした資料を自分一人で使用するのみであれば問題はないですが、多数のメンバー全員にコピーを配り仕事で使用するのはコンプライアンス（著作権法）違反となり、組織ぐるみの不正コピーと捉えられてしまいます。

　東京地方裁判所の判決で「企業その他の団体において、内部的に業務上利用するために著作物を複製する行為は、その目的が個人的な使用にあるとは言えずかつ家庭内に準ずる限られた範囲内における使用にあるとは言えないから著作権法第30条所定の私的使用に該当しないと解するのが相当である」（「**舞台装置設計図事件**」）として著作権法上の違反と解釈した裁判例があります

※著書、ビデオ、音楽等の複製は著作権侵害となるか（著作権法）

　個人……私的（個人的）利用のための複製は許容される場合あり

　職場……組織としての利用は不可。複製について著作権法 30 条 1 項は、「個人的に又は家庭内その他これに準ずる限られた範囲内において使用すること」（私的使用）を目的とする場合に限り、適法（複製を禁止しない）と定めています（著作権法 30 条 1 項）。

※また、図書館でのコピーは著作権法の著作物の 2 次利用できる場合に限定列挙されています。その他、私的使用のための複製（同法 30 条）、図書館等における複製等（同法 31 条）、引用（同法 32 条）、教科用図書等への掲載（同法 33 条）などを定めています。

事例 14 の解説

　私たち一般人は皆プライバシー権の一つとして肖像権をもっています。承諾なく写真や画像を撮影されない、公表されない、利用されない権利です。違法に侵害されれば不法行為として損害賠償請求の対象になります。ではアイドルはどうでしょうか、芸能人にも私たち同様、基本的人権がありますので仕事を離れたプライベートな時間を撮影されたり覗かれたりするのは肖像権やプライバシー権の侵害といえます。イベント会場では喜んで写真を撮らせてくれることでしょう、撮った写真について、ファン個人が携帯の待受け画面にして見ているのは構いませんが、写真の使い方次第で芸能人が持つ**パブリシティ権を侵害すること**になります。ファンが無**断でイベントとは無関係な自分の会社のホームページに登載すると、アイドルは自分の写真を使用許諾なく無償で使用しないで欲しいと権利を主張できます。まずは、アイドルの所属する芸能事務所に連絡して使用許諾を得ることです。宣伝効果が高いアイドルであれば使用許諾料も高額になります。しかし、会社がそのアイドルの写真を使用したいかどうかは別問題です、まずはそこから確認する必要があります。**
パブリシティ権：肖像を商業的に使用する権利。

　有名人は肖像そのものに商業的価値があり財産的価値を持っています。有名人の場合は、その性質上個人のプライバシーが制限される反面、一般人にはない経済的価値があると考えられています。例えば、有名人を起用したテレビコマーシャルや広告・ポスター・看板などを使って宣伝を行うと、より多くの人が関心・興味を持つようになるなど販売促進等の効果が期待されるため、この経済的価値を「パブリシティ権」（あるいはパブリシティ価値）といいます。

◇ 終わりに

　「働き方改革」が声高に言われ様々な取り組みを模索しています。また、コロナ禍の中で閉塞感もありますが、一方新しい技術や様々なアイデアが生まれています。そんな時代の流れの中ですが、皆様のより一層の活躍を祈念申し上げ、下記の言葉を贈ります。

○ネット社会で活き活きとした仕事が実現できるのは皆様の世代です。

○コンプライアンス体制の構築は皆様の「働き方」に大きな変革をもたらすことでしょう。

○これからの企業は社会と共に持続的な成長を目指し、企業自らの価値を高めていかなければなりません。皆様はそのような企業を支える原動力です。

○皆様が築き上げる、働きやすく、働き甲斐のある職場は社会の未来へと繋がっています。

　コンプライアンスは社会人としての皆様にとって、今後ますます重要性が増してくることと思います。個人としての皆様は私的生活を安全・安心に送るため、社会規範（社会的ルール）を意識し、遵守されることを期待して終わりの言葉に代えたいと思います。

2020 年　盛夏　　伊藤芳子

参考文献

政府広報　　　　　　　　参考図書

　　各省庁 HP　　　　　　「マイナンバー時代の身近なコンプライアンス」

　　　厚生労働省　　　　　　　　　長谷川俊明氏　著　経法ビジネス出版　2020 年 3 月

　　　経済産業省

　　　金融庁　　　　　「コンプライアンスの知識」

　　　消費者庁　　　　　　　　　高　巌　氏　著　日本経済新聞社　2017 年 10 月

　　　法務省

　　　総務省

　　　内閣府

各種法規、ガイドライン

著者紹介

伊藤芳子（いとう よしこ）

株式会社グランツハート　契約講師

愛知大学文学部　哲学科（東洋哲学専攻）卒業、研究生終了

愛知県公立小学校教員、愛知県職員

行政書士事務所 KC.I 開所・行政書士

一社）日本産業カウンセラー協会

（シニア産業カウンセラー、認定カウンセラー、産業カウンセラー養成講座実技指導者）

現在は、行政書士事務所 KC.I 代表

行政書士業務及び企業等にてカウンセリングや講師活動に従事

厚生労働省「ジョブ・カード作成アドバイザー」

ＡＳＫ「飲酒運転防止インストラクター」

キャンサーリボンズ「がん治療と仕事の両立サポーター」

中災防「心理相談員」　などの資格を保有

職業訓練法人 H & A　コンプライアンス

2021年4月1日　　初 版 発 行
2024年4月1日　　第三版 第二刷発行

著 者　伊藤　芳子

発行所　職業訓練法人 H & A
〒472-0023　愛知県知立市西町妻向14-1
TEL 0566（70）7766
FAX 0566（70）7765

発 売　株式会社　三恵社
〒462-0056　愛知県名古屋市北区中丸町2-24-1
TEL 052（915）5211
FAX 052（915）5019
URL http://www.sankeisha.com

ISBN978-4-86693-406-8

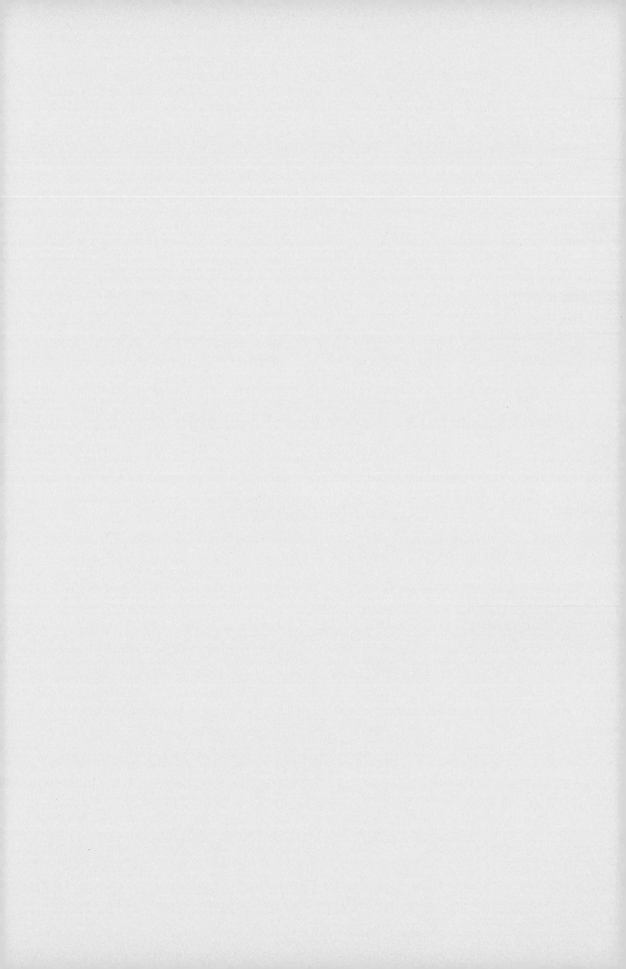

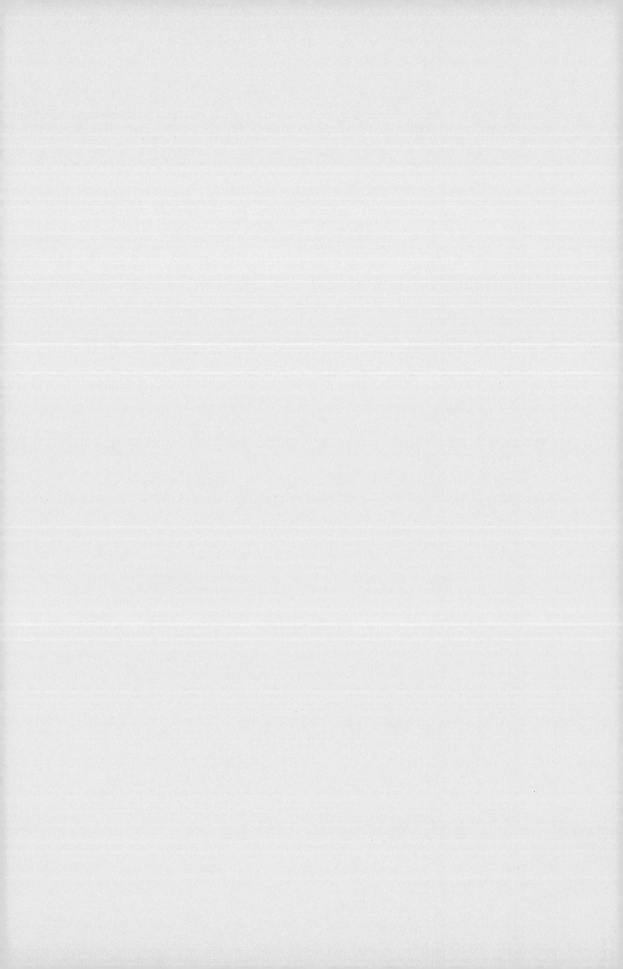